Friedrich Schweitzer / Albert Biesinger

Religiöse Erziehung

in Zusammenarbeit mit
Anne Bausenhart
Gabriele Conrad
Cornelia Rink

Friedrich Schweitzer / Albert Biesinger

Religiöse Erziehung

in evangelisch-katholischen Familien

in Zusammenarbeit mit
Anne Bausenhart
Gabriele Conrad
Cornelia Rink

HERDER

FREIBURG · BASEL · WIEN

Gefördert von der *Stiftung Gottesbeziehung in Familien.*

© Verlag Herder GmbH, Freiburg im Breisgau 2009
Alle Rechte vorbehalten
www.herder.de
Einbandgestaltung: Finken&Bumiller, Stuttgart
Satz: dtp studio mainz | Jörg Eckart
Herstellung: fgb · freiburger graphische betriebe
www.fgb.de
Gedruckt auf umweltfreundlichem, chlorfrei gebleichtem Papier
Printed in Germany
ISBN 978-3-451-30727-0

Inhalt

Vorwort

Kinder haben ein Recht auf Religion.
Wer Kinder in ihrer religiösen Sinnsuche behindert, verbaut ihnen die Kompetenz, die tiefsten Fragen des Lebens zu stellen und für sich selbst zu beantworten.

Wie Familien ihre religiöse Orientierung gestalten, ist gerade dann sehr interessant und herausfordernd, wenn Eltern verschiedenen Konfessionen angehören

Dieses Buch wendet sich an Eltern sowie an alle, denen religiöse Familienerziehung wichtig ist. Im Zentrum stehen Eltern, mit denen wir über Fragen der religiösen Begleitung sprechen konnten und deren Erfahrungen hier zu Wort kommen sollen. Auf diese Weise wollen wir Kinder und Eltern ermutigen, die ihnen möglichen Wege zu finden und zu gestalten.
Das Thema religiöse Familienerziehung findet insgesamt noch immer nicht die Aufmerksamkeit, die es verdient. Und noch viel weniger sind die Situationen und die Bedürfnisse konfessionsverbindender Eltern im Blick, weder in den Kirchen und Gemeinden noch in Kindertagesstätten oder beim Religionsunterricht. Solche Familien sind aber längst keine kleine Minderheit mehr. Eine große Anzahl aller kirchlich geschlossenen Ehen in Deutschland ist konfessionsverbindend. Damit wachsen entsprechend viele Kinder aus christlichen Familien in konfessionsverbindenden Elternhäusern auf.

Im Folgenden werden die Erfahrungen beschrieben, die solche Eltern bei der religiösen Erziehung machen. Dies betrifft ebenso ihre Erwartungen und Hoffnungen wie die Enttäuschungen und Schwierigkeiten, denen sie zum Teil begegnen.
Wir wollen den Eltern Mut machen, ihre Kinder auch in religiöser Hinsicht zu begleiten. Deshalb fragen wir nach Unterstützungsmöglichkeiten, die den Eltern bei der religiösen Erziehung helfen können. Damit wenden wir uns an die Eltern selbst, aber auch etwa an Kir-

chengemeinden, die entsprechende Unterstützungsaufgaben in Zukunft verstärkt wahrnehmen können.

Bei den Vorarbeiten zu diesem Buch konnten wir Elternpaare befragen. Ermöglicht wurde diese Studie wie auch die Veröffentlichung des vorliegenden Bandes durch die in Tübingen ansässige Stiftung *Gottesbeziehung in Familien*, die von Albert Biesinger begründet wurde und die nun in ökumenischer Zusammenarbeit mit Helga Kohler-Spiegel, Friedrich Schweitzer und anderen weitergeführt wird. Die Stiftung fördert innovative Praxisprojekte im Bereich der religiösen Familienerziehung; sie veranstaltet Vortragsreihen und ermöglicht spezielle wissenschaftliche Studien. Auf diese Weise wendet sie sich an Praxis, Öffentlichkeit und Wissenschaft, um in allen diesen Bereichen das Anliegen einer religiösen Begleitung von Kindern zu stärken.

Die genannte Studie wurde von Anne Bausenhart und Gabriele Conrad, mit Unterstützung durch Cornelia Rink und zeitweise Friederike Mittnacht und Christoph Mayr, durchgeführt. Die Leitung lag bei Albert Biesinger und Friedrich Schweitzer. Der Text des Buches wurde im Team arbeitsteilig entworfen und wird gemeinsam von uns verantwortet.

Wir danken insbesondere den Eltern, die sich für Gespräche mit uns zur Verfügung gestellt haben, und hoffen, dass ihre Mühe und unsere eigene Arbeit dazu beitragen, die Situation von Eltern und Kindern im Blick auf die religiöse Erziehung in Familien positiv zu verändern.

Tübingen, im Frühjahr 2009   Albert Biesinger
                                              Friedrich Schweitzer

in Verbindung mit

Anne Bausenhart
Gabriele Conrad
Cornelia Rink

Religiöse Erziehung vor neuen Herausforderungen: Das Beispiel Familie

Dass die religiöse Erziehung vor neuen Herausforderungen steht, wird heute ganz allgemein beobachtet. Viele sprechen sogar von einer grundlegenden Krise, von der die religiöse Erziehung betroffen sei. Die Herausforderungen gehen in mehrere Richtungen zugleich:

– Eltern, aber auch Erzieherinnen sowie Religionslehrerinnen und -lehrer fragen, was sie denn gegen den Einfluss der Gesellschaft und besonders der Medien eigentlich noch ausrichten sollen. Sind die gesellschaftlichen und kulturellen Zusammenhänge, in denen religiöse Fragen kaum eine Rolle spielen, denn nicht viel wirksamer als alles, was sie tun können?

– Dazu kommt eine weit verbreitete Unsicherheit, die aus der religiösen und kulturellen Vielfalt in unserer Gesellschaft erwächst. Wie soll religiöse Erziehung gelingen, wenn Kindern von Anfang an vor Augen steht, dass alles auch ganz anders sein kann: Manche sind katholisch, andere evangelisch, wieder andere ohne Konfessionszugehörigkeit; die Zahl der Muslime in Deutschland hat erheblich zugenommen (derzeit leben mehr als 3 Millionen Muslime in Deutschland), und auch andere nicht-christliche Religionen wie etwa der Buddhismus sind beispielsweise in den Medien häufig gegenwärtig.

– Zudem hat zumindest ein Teil der heutigen Erwachsenen in der eigenen Lebensgeschichte einen Abbruch der religiösen Lebenslinie erfahren. Mit dem Kinderglauben, von dem man sich vielleicht im Jugendalter gelöst hat, blieben auch alle anderen Glaubensfragen in der Kindheit zurück. Wenn solche Erwachsene nun selber Eltern werden und wenn ihre Kinder sie nach Gott fragen, sind sie häufig sehr unsicher, was sie ihren Kindern sagen sollen. Können Eltern, die selbst nicht so genau wissen, was sie eigentlich glauben, ihre Kinder religiös erziehen?

Diese Fragen machen bereits deutlich, dass sich die Herausforderungen in vieler Hinsicht auf die Familie konzentrieren. Wie in einem Brennglas versammeln sich in der Familie die Schwierigkeiten, mit denen die religiöse Erziehung heute zu kämpfen hat. Zugleich gilt aber auch: Wie an keinem anderen Ort in der Gesellschaft drängen sich Erziehungsfragen in der Familie ganz unausweichlich auf. Das alltägliche Zusammenleben in der Familie führt beständig vor Augen, wie wichtig eine pädagogische Begleitung der Kinder ist.

Angesichts dieser Situation ist es erstaunlich und beschämend zugleich, wie wenig Aufmerksamkeit die Familienerziehung in Öffentlichkeit, Politik und Wissenschaft noch immer erfährt. Und am wenigsten Aufmerksamkeit erhält die religiöse Erziehung in der Familie! Die Bedeutung der Familie wird zwar oft und gerne beschworen, aber getan wird doch nur sehr wenig, wenn es darum geht, die Familienerziehung tatsächlich zu unterstützen.

Eine der Fragen, die in der Öffentlichkeit konsequent verschwiegen werden, betrifft die Situation evangelisch-katholischer Eltern. Obwohl konfessionsverbindende oder, wie man früher sagte: konfessionsverschiedene („gemischte") Ehen heute in Deutschland sehr häufig anzutreffen sind, werden sie bei entsprechenden Diskussionen in aller Regel übergangen. Dabei ist es eine besonders interessante und nicht nur für die unmittelbar Betroffenen wichtige Frage, wie hier mit der religiösen Familienerziehung umgegangen wird. Die konfessionellen Unterschiede in solchen Familien stellen ein exemplarisches Beispiel für den Umgang mit Verschiedenheit dar – oder, wie heute gerne formuliert wird: für den Umgang mit religiöser Differenz. Deshalb ist es für Gesellschaft und Wissenschaft gleichermaßen von Bedeutung zu verstehen, welche Herausforderungen Eltern und Kinder in dieser Situation wahrnehmen und erfahren, aber auch welche Lösungsmöglichkeiten sich für sie abzeichnen.

Unser eigenes Interesse richtet sich dabei von Anfang an darauf, den Eltern Unterstützung zu bieten. Wir wollen wissen, welche erzieherischen Strategien sich als erfolgreich erweisen. Wir fragen, welche Anregungen und Ratschläge für Eltern und Familien hilfreich sein können. Zunächst aber wollen wir aufzeigen, warum religiöse Familienerziehung auch in Zukunft wichtig bleibt.

Religiöse Erziehung in der Familie bleibt wichtig

Warum ist es überhaupt wichtig, heute über die religiöse Erziehung in der Familie nachzudenken? Sind nicht ganz andere Fragen und Probleme weit dringlicher? Wäre es nicht besser, sich um die allgemeine „Erziehungskatastrophe", von der überall gesprochen wird, zu kümmern und nach Wegen aus dieser Katastrophe zu suchen?

Bislang wird die „Erziehungskatastrophe" in aller Regel nicht mit Religion oder religiöser Erziehung in Verbindung gebracht. Gemeint ist vielmehr eine allgemeine Überforderung von Familien damit, ihre Kinder verlässlich zu betreuen, ihnen Schutz, Geborgenheit und Lebensorientierung zu geben und sie auf diese Weise für das Leben zu stärken. Gedacht wird an Disziplin und Tugenden – das „Lob der Disziplin" (B. Bueb) ist neuerdings in aller Munde, aber gefordert wird auch ganz allgemein die Zuwendung zu den eigenen Kindern sowie deren Unterstützung beispielsweise bei der Ausbildung sprachlicher Fähigkeiten. Dahinter stehen in der Regel die neuen internationalen Untersuchungen zu Schulleistungen, bei denen Kinder und Jugendliche in Deutschland bei der sprachlichen Kompetenz, aber auch im Blick auf mathematisch-naturwissenschaftliche Fähigkeiten nur mittelmäßig abschneiden.

Gewiss handelt es sich dabei nicht um religiöse Probleme, aber die religiöse Erziehung hat doch mit all dem sehr viel zu tun. Das zeigen auch die Befunde etwa aus sozialwissenschaftlichen Untersuchungen, auf die wir nun etwas genauer eingehen.

Es gibt viele Gründe dafür, dass Kinder religiöse Begleitung brauchen. Nur einige davon seien hier in Erinnerung gerufen (vgl. Biesinger 2005, Schweitzer 2005):

Kinder stellen „große Fragen"

Vielen Eltern begegnen die „großen Fragen" ihrer Kinder beispielsweise beim Thema Sterben und Tod. Die Mutter und Journalistin Martha Fay berichtet von ihrer knapp dreijährigen Tochter Anna:

Die 82-jährige Großmutter, von Anna zärtlich „Nanny" genannt, ist gestorben. „‚Warum ist Nanny gestorben?'war ihre erste und nicht unerwartete Frage. ‚Weil sie alt und sehr krank war und weil alle Menschen am Ende sterben', war unsere erste Antwort. ‚Warum ist Nanny gestorben?' erwiderte sie spontan, und dieses Frage- und Antwortspiel wiederholte sich einige Male, ehe wir verstanden, dass es mit dieser einfachen Feststellung nicht getan war, dass sie nach einer befriedigenderen Erklärung suchte... So waren ihre Eltern gezwungen, sich... nochmals mit ihrem eigenen Glauben... auseinanderzusetzen.

,Was bedeutet *tot*?', ,Wie alt ist die Welt?', ,Wohin gehen die Menschen, wenn sie sterben?' Das sind natürlich alles Fragen, mit denen man auf der materiellen Ebene umgehen kann, aber als ich mich in meinen Erklärungsversuchen wand, wieso ihre Großmutter so schnell auf ein Kästchen Asche reduziert werden konnte..., wurde mir klar, dass wir mit rein mechanischen Erklärungen nicht allzu weit kämen.

Zumal ihr Vater und ich, was uns ebenfalls bald klar wurde, nicht ihre einzige Informationsquelle bleiben würden. Denn wenige Monate später starb auch die Großmutter ihres Freundes Ian. Aber im Gegensatz zu Nanny war diese glückliche Frau, wie ihr Enkel erklärte, geradewegs in den Himmel gekommen, der, wie sich herausstellte, noch immer genau da war, wo ich ihn als Kind zurückgelassen hatte und wohin er nach Annas Dafürhalten... offenbar auch gehörte: direkt über uns, außer Sichtweite, über den Wolken." (aus Fay 1994, 22f., leicht verändert)

Für Kinder führt die Frage nach Tod und Sterben häufig ganz direkt weiter zu religiösen Fragen, etwa nach dem „Himmel" oder einem Leben nach dem Tod. Man kann auch sagen: Die Frage nach Tod und Sterben ist für Kinder fast immer eine religiöse Frage.

Kinder denken dabei nicht an eine bestimmte Religion oder an den christlichen Glauben. Wichtig für sie ist aber, was nach dem Tod geschieht. Die Fragen der Kinder machen vor der Dimension der Transzendenz nicht halt. Das gilt nicht nur für Kinder, die mit dem christlichen Glauben aufwachsen, sondern beispielsweise auch für muslimische oder jüdische Kinder.

Andere „große Fragen", die Kinder uns stellen oder vor die sie uns bei der Erziehung stellen, betreffen manchmal ganz direkt auch Gott selbst: „Wer oder was ist Gott eigentlich? Wo wohnt Gott? Wie sieht Gott eigentlich aus?" –, aber sie betreffen auch moralische Regeln: „Warum soll ich fair sein zu anderen, wenn die anderen zu mir nicht fair sind? Warum gerecht sein in einer Welt, in der es so ungerecht zugeht?" Oder ihre Fragen betreffen einfach das eigene Selbst: „Wer kann ich und wer darf ich sein?" Und natürlich ist auch die Religion der Anderen schon für Kinder ein Thema: „Warum glauben manche Kinder an Gott und andere an Allah? Welcher Gott ist besser? Und warum gehen viele Kinder weder in die Kirche noch in eine Moschee?"

Auch mit solchen Fragen sollten Kinder nicht allein gelassen werden. Bei ihren „großen Fragen" brauchen Kinder unsere Unterstützung nicht weniger als in anderen Hinsichten des Lebens und Lernens.

Kinder suchen Schutz und Geborgenheit
Ohne Schutz und Geborgenheit oder verlässliche Zuwendung können Kinder nicht gesund aufwachsen. Sie werden krank und verkümmern. Eltern können ihren Kindern Schutz und Geborgenheit geben. Deshalb sind sie für Kinder so wichtig.
Eltern wissen aber auch, dass ihre Möglichkeiten begrenzt sind. Und auch die Kinder selbst nehmen, wenn sie älter werden, diese Grenzen wahr. Deshalb reicht die kindliche Suche nach Schutz und Geborgenheit viel weiter und geht über die Eltern hinaus. Kinder suchen gleichsam nach einem „größeren Gegenüber", das sich als unbedingt verlässlich erweist.

Erziehung braucht Rituale
Lange Zeit galten Rituale in der Pädagogik wenig. Wenn sich bestimmte Verhaltensweisen täglich in gleicher Form wiederholen sollen, so wurde dies als einengend angesehen. Heute wird wieder neu erkannt, dass Kinder in hohem Maße auf Rituale angewiesen sind.
Rituale geben Kindern Sicherheit und Orientierung. Kinder wünschen sich oft ausdrücklich, dass es so sein soll „wie immer", beispielsweise beim Zubettgehen am Abend. Rituale geben dem Kind die Sicherheit, dass alles „in Ordnung" ist. Nur dann ist „alles gut".
Inzwischen ist bekannt: Erziehung funktioniert vielfach durch Rituale, die festlegen, wie etwas gemacht werden muss. Wo alles immer wieder neu diskutiert und entschieden werden muss, entsteht leicht Unsicherheit, für Kinder ebenso wie für ihre Eltern.
Dies bedeutet natürlich nicht, dass alles im Leben eines Kindes immer schon festgelegt sein soll. Kinder brauchen auch Entscheidungsfreiheit und Wahlmöglichkeiten. Diese können sie aber nur nutzen, wenn sie sich in vielen Bereichen auf verlässliche Rituale stützen können, die dem Leben eine feste Gestalt geben.
In der gesamten Geschichte der Menschheit und der Erziehung war Religion eine der wichtigsten Quellen für Rituale. Beispiele dafür sind das Gebet beim Insbettbringen oder Lieder, wie sie Kinder auch heute noch gerne hören oder singen. Andere religiöse Rituale werden inzwischen zwar nur noch selten praktiziert – etwa der Morgensegen

im Familienkreis. Dennoch bleiben Rituale wichtig. Es ist gut, wenn Eltern sich dessen bewusst werden und neu nach solchen Ritualen Ausschau halten, die zu ihnen passen.

Aber ist die Familie für die religiöse Erziehung überhaupt noch bedeutsam?

Religiöse Familienerziehung spielt noch immer eine wichtige Rolle

Immer wieder ist zu hören, die religiöse Familienerziehung spiele doch gar keine Rolle mehr. Viele Familien hätten gar kein Interesse an religiöser Erziehung, und diejenigen, die ihren Kindern auch eine religiöse Orientierung ermöglichen wollen, hätten damit in der heutigen Gesellschaft kaum mehr eine Chance.

Demgegenüber zeigen sozialwissenschaftliche Untersuchungen, dass Religion nach wie vor in der Familie überliefert wird. Offenbar ist die religiöse Familienerziehung in dieser Hinsicht auch sehr wirksam, viel mehr als beispielsweise die Erziehung in der Familie beim Interesse an Sport und Musik (Zinnecker / Silbereisen 1996, 331ff.; vgl. Biesinger / Bendel 2000). Auch unsere eigenen Untersuchungen führen zu dem Befund, dass der Familie hinsichtlich der religiösen Erziehung nach wie vor eine grundlegende Bedeutung zukommt (Biesinger u. a. 2005). Es waren in unserer Studie keine Beispiel zu finden, bei denen die religiöse Entwicklung ohne maßgeblichen Einfluss der Familie geblieben wäre. Allerdings kann der Einfluss der Familie dabei auch rein negativ sein – nämlich so, dass von einem Ausfall der religiösen Familienerziehung gesprochen werden muss. Aber auch dies hat dann offenbar weitreichende Folgen. In diesem Falle wird Kindern der Zugang zu Religion versperrt, manchmal bis hinein in deren Leben als Erwachsene. Bedeutungslos ist die Familie in religiöser Hinsicht keineswegs. Es ist nicht gleichgültig, ob sich Eltern auch um die religiöse Entwicklung und Erziehung ihrer Kinder kümmern. Das gilt heute nicht weniger als in der Vergangenheit.

Auf jeden Fall kann die Familie der erste Ort sein, an dem die Kinder eine Begleitung bei ihren „großen Fragen" erfahren, an dem sie Rituale auch religiöser Art kennen lernen und von Gott als einem unbedingt verlässlichen Gegenüber hören.

Religiöse Familienerziehung unter Druck

Dass die religiöse Erziehung in der Familie wichtig bleibt, bedeutet nicht, dass es keine neuen Herausforderungen gibt. Bei Gesprächen mit Eltern zeigt sich immer wieder, dass sie sich bei der religiösen Erziehung oftmals überfordert fühlen. Dabei spielen verschiedene Tendenzen eine Rolle: eigene Unsicherheit, der Einfluss von Kindergarten und Schule oder die Medien mit ihren Auswirkungen auf das Leben von Kindern. Wie soll religiöse Erziehung noch gelingen, wenn Kinder von früh auf widersprüchlichen Einflüssen ausgesetzt sind?

Die wachsende Vielfalt oder Pluralität hat längst auch Religion und Kirche erreicht. Deutschland ist ein multireligiöses Land geworden. Zwar gehören noch immer fast zwei Drittel der Bevölkerung einer der beiden großen Kirchen an, aber es sind auch mehr als drei Millionen Menschen, die sich hierzulande zum Islam bekennen. Darüber hinaus gibt es zahlreiche größere und kleinere Religionsgemeinschaften und Gruppierungen sowie Konfessionslose, deren Anteil 20 bis 25 Prozent der Bevölkerung ausmacht. In manchen Regionen, vor allem in Ostdeutschland, sind die Konfessionslosen sogar in der Mehrheit (manchmal mit bis zu 80% der Bevölkerung). Wissenschaftliche Untersuchungen machen zudem deutlich, dass die Pluralität auch in die Kirchen und Religionsgemeinschaften selbst hineinreicht. Wie katholische und evangelische Christen ihren Glauben verstehen und wie sie ihr Leben gestalten, ist immer mehr zu einer individuellen Entscheidungsfrage geworden. Mit der Kirchenmitgliedschaft ist darüber noch nicht entschieden.

So ist es nicht erstaunlich, dass die religiöse Familienerziehung im Blick auf Vielfalt oder Pluralität zunehmend unter Druck kommt. Wie soll Kindern eine religiöse Orientierung ermöglicht werden, wenn sie schon in der eigenen Familie einer Vielfalt unterschiedlicher oder sogar widersprüchlicher Orientierungen begegnen?

Bei der Beschäftigung mit dieser Frage müssen verschiedene Aspekte und Möglichkeiten berücksichtigt werden:

– Besonders häufig ist heute folgende Situation: Die religiöse Vielfalt mit ihren unterschiedlichen Orientierungen reicht in die Familie selbst hinein, wird dort aber nicht offen angesprochen. Religion wird sogar in der Familie als Privatangelegenheit behandelt. In den Gesprächen etwa beim Essen kommt sie nur selten vor (Ebertz 2000). Zum Teil ist dies wohl auf mangelndes Interesse zurückzuführen, zum Teil aber auch darauf, dass ein möglicher Streit vermieden werden soll. Am besten sei es eben, wenn da jeder tun und lassen kann, was er oder sie selber will.

– Von allen kirchlich getrauten Ehen in Deutschland sind ein Drittel katholisch-katholisch, ein Drittel evangelisch-evangelisch und ein Drittel evangelisch-katholisch. Das bedeutet, dass ungefähr ein Drittel der Kinder im Bereich des Christentums aus einer konfessionsverbindenden Familie stammen (Logemann 2001, 37ff.). Hier müssen über die individuellen Unterschiede hinaus auch die Unterschiede zwischen den Konfessionen bearbeitet werden – zwischen evangelisch und katholisch sowie, in allerdings weit weniger Fällen, auch orthodox.

– Auch die Anzahl von Eheschließungen, die verschiedene Religionen übergreifen, ist nicht unerheblich. Die Zahlen bewegen sich hier für Deutschland zwischen 5 000 und 10 000 Eheschließungen pro Jahr (Froese 2005, 13ff.). Der Umgang mit verschiedenen Religionen in der Familie fällt nicht leicht. Bleibende Differenzen, so ein Ergebnis der Untersuchung von Regine Froese, werden in vielen Familien „am liebsten" nicht offen angesprochen. Sonst könnte es Streit geben.

– *„In der Hinsicht lassen wir uns eigentlich ziemlich in Ruhe"*, so überschreibt Heide Liebold (2005) ihre Befunde zur „Religiösen Erziehung in christlich-konfessionslosen Familien" in Ostdeutschland. Auch in diesem Falle scheint zu gelten, dass bei einer Thematisierung der unterschiedlichen (Glaubens-)Überzeugungen Streit befürchtet wird, weshalb man solche Themen am besten von vornherein vermeidet.

Und die Kinder? Wie wirken sich die beschriebenen Verhältnisse auf die Kinder aus? – Darüber ist noch immer viel zu wenig bekannt. Eines aber steht fest: Wo über Religion nicht gesprochen wird, da bleiben die Kinder mit ihren „großen Fragen" allein. Es fehlt ihnen bereits in der Familie die Möglichkeit, sich über Formen der religiösen Praxis zu informieren, und noch viel weniger haben sie die Gelegenheit, durch eigene Teilnahme etwa mit religiösen Ritualen vertraut zu werden. Die Erfahrung einer aktiven und verlässlichen religiösen Begleitung wird ihnen kaum zuteil.

Angesichts dieser Beobachtungen und Befunde ist deutlich, dass religiöse Erziehung ein breites Feld darstellt, das in einem einzelnen Buch nicht erschöpfend dargestellt werden kann. Selbst die religiöse Familienerziehung schließt dafür noch zu viele unterschiedliche Lebenslagen und Herausforderungen ein. Deshalb wenden wir uns einem bislang besonders wenig beachteten Beispiel zu, das allerdings – das ist schon deutlich geworden – exemplarische Bedeutung auch für andere Bereiche der religiösen Familienerziehung besitzt:

Religiöse Erziehung in konfessionsverbindenden Elternhäusern – ein vernachlässigtes Thema

Schon die religiöse Familienerziehung als solche wird in vielen Untersuchungen, aber auch in der Ratgeberliteratur weithin vernachlässigt. Noch einmal mehr gilt dies für die religiöse Erziehung in konfessionsverbindenden Elternhäusern. In den Sozialwissenschaften ist offenbar die Auffassung verbreitet, die Unterschiede zwischen den Konfessionen spielten doch ohnehin keine Rolle mehr und müssten deshalb auch gar nicht mehr eigens untersucht werden. Soziologisch ausgerichtete Untersuchungen gehen allzu schnell auch davon aus, dass sich für Kinder aus konfessionsverbindenden Familien heute gar keine Probleme mehr ergeben. Selbst wenn die Familien und ihre Kinder in diesem Falle in Schutz vor überkommenen Vorurteilen genommen werden sollen (so bei Logemann 2001), bleibt diese Einschätzung am Ende doch deutlich zu einfach.

Lange Zeit stießen Eheschließungen über die Konfessionsgrenzen hinweg in den Kirchen und Gemeinden in der Tat auf erhebliche Ablehnung. Bis heute macht das katholische Kirchenrecht die kirchliche Zustimmung zu einer konfessionsverbindenden Ehe davon abhängig, dass die Kinder aus einer solchen Ehe katholisch erzogen werden. Auch aus einer solchen Haltung erwächst kein gesteigertes Interesse an der Situation von Kindern in solchen Familien.

In unseren eigenen Untersuchungen wurde deutlich, dass besonders Kinder unter ungelösten Fragen der ökumenischen Zusammenarbeit leiden. Beispielsweise finden sie es „schade", wenn es nie möglich ist, dass die ganze Familie an einer Sonntagsmesse teilnimmt (verschiedene Befunde dazu bei Schweitzer / Biesinger u. a. 2002). Solange nur die Angehörigen der katholischen Kirche zur Eucharistie zugelassen sind, bleibt dies auch dann ein Problem, wenn im Einzelfall oft anders entschieden wird.

Schon angesichts der großen Zahl konfessionsverbindender Ehen –

wie erwähnt: ein Drittel aller kirchlich geschlossenen Ehen in Deutschland! – ist es geradezu erstaunlich, wie wenig Aufmerksamkeit solchen Familien sowie der von diesen Familien praktizierten religiösen Erziehung bislang geschenkt worden ist.

Die Erfahrung religiöser Pluralität betrifft allerdings bei weitem nicht nur Familien und die Familienerziehung. Sie bezeichnet ein gesellschaftliches Phänomen von allgemeiner Bedeutung, auch im globalen Horizont. Es ist heute sehr wünschenswert, dass schon Kinder – in möglichst kindgerechter Form – lernen, wie sie mit Pluralität umgehen können, gerade auch dann, wenn es um bleibende Unterschiede zwischen Glaubensüberzeugungen und religiösen Wahrheitsansprüchen geht. Insofern ist die religiöse Familienerziehung unter den Voraussetzungen der Pluralität zu einem geradezu exemplarischen Lernfeld am Anfang des Lebens geworden.

Was wir wollen

Mit dem vorliegenden Band verfolgen wir drei Ziele:

– An erster Stelle steht für uns das Ziel, Familien im Blick auf die religiöse Erziehung Unterstützung zu bieten. Im Zentrum stehen dabei konfessionsverbindende Elternhäuser, denen wir Klärungshilfen, Impulse und Hilfestellungen geben wollen. Darüber hinaus wollen wir die Kirchen und Gemeinden anregen, bei ihrer Arbeit verstärkt auch solche Familien mit in den Blick zu nehmen. Im letzten Teil des Buches werden dazu zahlreiche praxisorientierte Vorschläge gemacht.

– Ein wichtiger Schritt in diese Richtung muss in der Bewusstmachung der Situation religiöser Erziehung in konfessionsverbindenden Elternhäusern selbst bestehen. Es kann niemand damit geholfen sein, wenn die damit verbundenen Fragen weiterhin mit Schweigen übergangen werden oder wenn so getan wird, als gäbe es in dieser Hinsicht keine Fragen oder Probleme mehr. Auch wir gehen nicht davon aus, dass konfessionsverbindende Ehen zu besonderen Schwierigkeiten führen. Wir nehmen aber wahr, dass Eltern und Kinder in solchen Familien doch deutlich mehr Unterstützung brauchen, als ihnen bislang geboten wird.

– Die von uns angestrebte Unterstützung und Bewusstmachung kann unter heutigen Voraussetzungen ohne empirisch gesicherte

Erkenntnisse nicht realisiert werden. Deshalb kommt es uns darauf an, Einsichten in die alltägliche Situation der religiösen Erziehung in konfessionsverbindenden Elternhäusern zu gewinnen. Wir haben mit Eltern in verschiedenen Lebenssituationen und an verschiedenen Orten gesprochen. Diese Gespräche wurden von uns sorgfältig dokumentiert und ausgewertet. Unsere Untersuchung wird im letzten Kapitel des Buches eigens dargestellt, und die Ergebnisse sind die maßgebliche Grundlage der gesamten Darstellung. Den Eltern, die sich für die Gespräche zur Verfügung gestellt haben, sind wir sehr dankbar.

Schließlich noch ein Hinweis zum leichteren Verständnis:
- Bis heute hat sich noch immer keine klare Bezeichnung für Ehen mit einem evangelischen und einem katholischen Ehepartner durchgesetzt. Manchmal werden die älteren, eher abwertenden Begriffe gebraucht. Dann ist die Rede von „konfessionsverschieden" oder „Mischehen". Freundlicher klingt es, wenn statt dessen „konfessionsverbindend" gesagt wird. Die von uns befragten Eltern sprechen manchmal auch von einer „ökumenischen Ehe". Wir selbst versuchen, abwertende Bezeichnungen zu vermeiden, und sprechen deshalb von „konfessionsverbindend". Manchmal benutzen wir aber, wenn es der Zusammenhang nahe legt, trotzdem die älteren Begriffe.
- In den meisten Fällen sprechen wir im Folgenden von „religiöser" Erziehung und Familienerziehung. Allerdings geht es bei den Familien, von denen wir berichten, ebenso wie bei der Erziehung, für die wir selber einstehen, vor allem um die christliche Religion sowie um eine religiöse Erziehung im Sinne des christlichen Glaubens. Zumindest manches gilt aber auch für Kinder, die mit einer anderen Religionszugehörigkeit aufwachsen: Auch jüdische und muslimische Kinder etwa haben ein Recht auf Religion, gewiss nicht weniger als christliche Kinder!
- Viele Eltern haben uns berichtet, dass für sie an erster Stelle die Werteerziehung steht. Sie wollen, dass ihre Kinder bestimmte Haltungen wie Rücksichtnahme oder Mitgefühl entwickeln und dass sie einen guten Weg im Leben finden. In vielen Fällen fällt es dabei schwer, genau zwischen Werteerziehung und religiöser Erziehung zu unterscheiden. In beiden Fällen geht es um eine grundlegende Orientierung im Leben. Deshalb werden wir im Folgenden

auch genau hinhören müssen, wenn Eltern von Werten und nicht ausdrücklich von Religion oder von religiöser Erziehung sprechen. Werterziehung und religiöse Erziehung sind nicht einfach dasselbe, aber in vielen Fällen sind sie eng miteinander verbunden, gerade in der Sicht der Eltern, womit bereits ein erstes Ergebnis aus dem nächsten Kapitel genannt ist.

Erfahrungen – Hoffnungen – Konflikte

In diesem Teil des Buches kommen die Eltern selbst zu Wort. Es geht um Erfahrungen, die Eltern heute mit der religiösen Erziehung ihrer Kinder machen – in der Situation einer evangelisch-katholischen, also konfessionsverbindenden Ehe und Familie.

In den Gesprächen mit den Eltern wurde rasch deutlich, dass sich ihre Erfahrungen fast immer mit Hoffnungen mischen – mit Hoffnungen der Eltern für ihre Kinder und für ihre Erziehung, aber auch mit Hoffnungen im Blick auf Religion und Kirche. Gerade Eltern, die verschiedene Konfessionszugehörigkeiten haben, scheinen besondere Erwartungen zu haben, beispielsweise im Blick auf die ökumenische Zusammenarbeit der Kirchen.

Auch von solchen Hoffnungen soll deshalb im Folgenden die Rede sein. Immer wieder, wenn auch nicht in allen Fällen haben uns die Eltern aber auch auf Konflikte aufmerksam gemacht, die sich bei der religiösen Familienerziehung besonders in konfessionsverbindenden Familien ergeben können. Auch diese Konflikte sollen hier nicht verschwiegen werden. Uns ist deutlich geworden, dass gerade solche Konflikte viele Chancen und Lernmöglichkeiten enthalten, nicht zuletzt für andere Eltern und Familien, die sich vielleicht mit ähnlichen Fragen auseinandersetzen.

Bei alldem war uns wichtig, verlässliche Einsichten in die Situation der religiösen Familienerziehung in konfessionsverbindenden Familien zu gewinnen. Bloße Vermutungen führen hier ebenso wenig weiter wie abstrakte Forderungen an solche Familien. Deshalb haben wir ausführlich mit Müttern und Vätern gesprochen, fast immer mit beiden gemeinsam, einmal nur mit einem der beiden Partner. In seltenen Fällen waren auch Kinder mit dabei, die wir aber nicht eigens befragt haben.

Eine ausführliche Beschreibung unseres gesamten Vorgehens finden Interessierte im letzten Kapitel des Buches. Wichtig ist an dieser Stelle, dass wir keine groß angelegte Fragebogenuntersuchung mit dem Ziel repräsentativer Befunde durchführen wollten, sondern dass es uns um vertiefte Einblicke in die jeweils individuelle Situation der Familien geht. Nicht möglichst allgemeine Aussagen stehen für uns im Zentrum, sondern ein Verständnis von Familienalltag in seiner Vielfalt und individuellen Ausprägung. Zur Gewinnung eines solchen Verständnisses ist eine Vorgehensweise geeignet, die offen – mit nur wenigen vorab festliegenden Fragen für das Gespräch – auf die Eltern zugeht. Zugleich kam es uns darauf an, möglichst unterschiedliche Familien einzubeziehen. Auf diese Weise soll gewährleistet werden, dass wir zumindest einen breiten Einblick in unterschiedliche Familiensituationen bieten können. Solche Unterschiede betreffen etwa die von den Eltern ausgeübte Berufstätigkeit (zum Beispiel akademische und nicht-akademische Berufe), das Alter der Kinder zum Zeitpunkt der Befragung oder die Konfessionszugehörigkeit (evangelische und katholische Mütter sowie katholische und evangelische Väter, evangelische und katholische Kinder). Ebenso muss das jeweilige Verhältnis zu Glaube und Kirche berücksichtigt werden, wobei aber davon auszugehen ist, dass nur solche Eltern sich zu einem Gespräch mit uns bereit fanden, die zumindest grundsätzlich für Fragen von Glaube, Kirche und religiöser Erziehung offen sind. Diejenigen, die dafür von vornherein keinerlei Interesse haben, kommen im Folgenden also auch nicht zu Wort. Darin liegt eine Grenze unseres Vorgehens. Leserinnen und Leser sollten sich immer wieder daran erinnern, dass es auch viele Eltern gibt, die weit weniger Wert auf religiöse Erziehung legen als die von uns Befragten. Verfehlt wäre allerdings auch die Annahme, dass fehlendes Interesse an religiöser Erziehung inzwischen für die meisten Familien und besonders vielleicht sogar für konfessionsverbindende Elternhäuser kennzeichnend sei. Das trifft, den verfügbaren empirischen Befunden zufolge (Logemann 2001, Ebertz 2000), so gewiss nicht zu. Vielen Familien bleibt die religiöse Erziehung der Kinder auch heute wichtig.

Immer trifft allerdings zu: Jede Familie ist anders! Deshalb sollen im Folgenden immer wieder Einzelstimmen in Gestalt von wörtlichen Zitaten aus unseren Interviewgesprächen zu Wort kommen. Dabei haben wir natürlich alles getan, die Anonymität der Befragten zu schützen.

Am Anfang stand für uns nicht einfach die Frage nach der religiösen Familienerziehung oder nach katholisch und evangelisch. Für wie wichtig die religiöse Erziehung erachtet wird, entscheidet sich immer im Zusammenhang der gesamten Erziehung in einer Familie. Deshalb beginnen wir auch hier mit den für die Eltern jeweils wichtigsten Erziehungszielen.

Worauf es den Eltern bei der Erziehung wirklich ankommt

Was steht für die Eltern an erster Stelle, wenn sie an die Erziehung ihrer Kinder denken? Mit dieser Frage haben wir begonnen, auch um zu sehen, welchen Stellenwert die religiöse Erziehung in den Familien einnimmt.

Man kann sich natürlich fragen, ob es möglich ist, darüber so einfach verlässliche Auskunft zu erhalten. Auch wir neigen ja dazu, uns selbst und das, was wir tun, in ein möglichst positives Licht zu rücken. Zudem sieht das tatsächliche Verhalten immer etwas anders aus als die guten Vorsätze. Trotzdem sind die Selbstauskünfte von Eltern gerade bei Erziehungsfragen von hoher Bedeutung. Es ist davon auszugehen, dass die Einstellungen, die sie bei Interviewgesprächen äußern, auch den Kindern gegenüber vertreten werden. Und Einstellungen, die von den Eltern zum Ausdruck gebracht werden, spielen für die Erziehung auf jeden Fall eine Rolle.

Was also antworten die befragten Eltern auf die Frage nach ihren Erziehungszielen? Von den meisten Elternpaaren wird an erster Stelle die Werteerziehung genannt. Manchmal sprechen die Eltern selbst ausdrücklich von Werten. Häufiger zählen sie einfach verschiedene Ziele auf, die sich am besten als Werte bezeichnen lassen oder als wertebezogene Einstellungen, die sie sich für ihre Kinder wünschen.

Wie verhalten sich diese Ziele im Sinne der Werteerziehung zu Religion und religiöser Erziehung? Sehen Eltern heute Werterziehung als den übergreifenden Horizont an, so dass alles andere zweitrangig ist? Spielt Religion für die Erziehung also – wenn überhaupt – eher eine untergeordnete Rolle? Auf diese Frage hin sollen die Gespräche im Folgenden betrachtet werden. Auch wenn wir angesichts der begrenzten Zahl der von uns Befragten natürlich keine allgemeingültigen Aussagen treffen können oder wollen, werden doch unterschiedliche Tendenzen erkennbar.

In einem ersten Schritt fassen wir die Äußerungen der Eltern im Blick auf allgemeine Erziehungsziele zusammen. Daran anschließend werden ihre Anliegen hinsichtlich der religiösen Erziehung der Kinder dargestellt. Schließlich werden die von den Eltern selbst beschriebenen oder in der Auswertung feststellbaren Beziehungen zwischen allgemeinen und religiösen Erziehungszielen der Eltern diskutiert. Durchweg muss bewusst bleiben, dass die Unterscheidung zwischen werteorientierter und religiöser Erziehung nicht eindeutig ist. Es ist durchaus damit zu rechnen, dass die von den Eltern als Erziehungsziele genannten Werte für sie eine religiöse Bedeutung oder religiöse Begründung besitzen, auch wenn dies nicht immer ausdrücklich gesagt wird.

Welche Werte?

Auf die Frage nach allgemeinen Erziehungszielen nennen die von uns befragten Elternpaare, wie gesagt, zumeist die Vermittlung von Werten. Dabei lässt sich unterscheiden zwischen der Nennung von Werteerziehung im Allgemeinen einerseits und deren näherer Erläuterung vor allem durch einzelne Werte andererseits. Einen ersten Überblick kann folgende Aufzählung von Werten, die von den Eltern genannt wurden, geben:

– Eine erste Gruppe von Werten betrifft vor allem solche Einstellungen, die in der Literatur häufig als Tugenden angesprochen werden und die sich auf die Ordnung in der Gesellschaft oder auch in Schule und Arbeitsleben beziehen: Aufrichtigkeit, Ehrlichkeit, Zuverlässigkeit, Selbständigkeit, Verantwortung übernehmen; Eigenverantwortlichkeit, Konsequenz, Gewissenhaftigkeit, Beständigkeit: etwas auch zu Ende bringen, Offenheit, über den Tellerrand hinausschauen, mit (eigenen und von außen vorgegebenen) Grenzen umgehen.

– Eine zweite Gruppe von Werten ist den Eltern nicht weniger wichtig: Lebensfreude, positive Lebenseinstellung, Selbstbewusstsein, „Nein" sagen können, Rückgrat haben, aufrechter Gang, Achtung vor Mensch und Umwelt, Wissen, Vertrauen zu anderen Menschen aufbauen können. In diesem Falle steht stärker die Einzelperson im Zentrum. Die Kinder sollen lernen, sich selber zu verwirklichen, wobei den Eltern aber der soziale Zusammenhang sowie eine verantwortliche Lebenseinstellung auch etwa gegenüber der Umwelt wichtig bleiben. Zudem sollen die Kinder wissen, wie es einmal heißt, „dass man zuhause mit allem kommen kann".

– Die dritte Gruppe von Werten betrifft eher den zwischenmenschlichen Bereich: soziales Verhalten, Konfliktlösungsfähigkeit, einander zuhören, einander nicht anschreien, andere respektieren, zu anderen gerecht sein, anderen nicht schaden, nicht egoistisch sein, Orientierung an Gemeinsamkeit statt am Gegeneinander, ein „netter Mensch" sein, sich gegenüber Benachteiligten richtig verhalten (z. B. gegenüber Behinderten), nicht lügen, nicht stehlen, Zivilcourage.

Interessant ist dabei, wie solche Werte von den Eltern kommentiert werden. Es gibt für die Eltern Werte, die sie ganz allgemein als unverzichtbar ansehen. Daneben stehen solche Werte, die ihnen als Eltern, also bei der Erziehung und für ihre Kinder, besonders wichtig sind. Und schließlich ist manchmal auch von „christlichen Werten" in dem Sinne die Rede, dass die Eltern ausdrücklich eine Verbindung zwischen Werten und Religion oder Christentum herstellen.

Als Hintergründe verweisen die Eltern zum Teil auch auf übergreifende Haltungen, die den Zusammenhang zu Religion und Christentum noch deutlicher erkennen lassen. Das gilt besonders für die Nächstenliebe, manchmal aber auch für die von den Eltern als Tugend geforderte Toleranz oder für den Demokratiegedanken, auf den sie sich berufen. Die zuletzt genannten Werte können natürlich auch ganz unabhängig von Religion oder Christentum verstanden werden. Für die von uns befragten Eltern liegt aber eine zumindest implizit religiöse Begründung näher. Was ein „guter Mensch" ist, wird vielfach vor einem christlichen Horizont beschrieben, wofür der Hinweis auf die „Nächstenliebe" stehen kann. Und vielleicht ist sogar der von den Eltern ebenfalls genannte „nette Mensch" am Ende nicht so weit davon entfernt.

Das kann nicht heißen, dass wir – mit Hilfe des Arguments, implizit seien Werte eben doch immer religiös – nun alle Eltern religiös vereinnahmen wollen. Das bliebe unangemessen und wäre nicht sehr realistisch. Umgekehrt ist aber auch davor zu warnen, die Eltern einfach als areligiös, säkular, nicht am Christentum interessiert abzustempeln. Die von uns geführten Interviewgespräche lassen sehr klar erkennen, dass Eltern sich zumindest zum Teil auch heute intensiv Gedanken über die religiöse Erziehung sowie über den religiösen Lebensweg ihrer Kinder machen.

Zu berücksichtigen ist bei den von den Eltern genannten Werten auch, dass die entsprechende Frage von uns durchweg offen formuliert war. So kamen, anders als bei einem Fragebogen mit vorgegebenen Antwortmöglichkeiten, ganz unterschiedliche Werte zur Sprache. Gerade deshalb ist es bemerkenswert, dass speziell das soziale Verhalten und die mit diesem assoziierten Werte besonders häufig genannt wurden. Soziale Haltungen werden in unserer Gesellschaft ebenfalls oft mit dem Christentum in Verbindung gebracht. Auch insofern könnte eine religiöse Grundierung der genannten Werte angenommen werden.

Neben der Wertevermittlung wurde mehrfach auch die Vorbildfunktion der Eltern als wichtig für die Erziehung betont. Diese Eltern empfinden es als unglaubwürdig, Kindern etwas vermitteln zu wollen, was man selbst nicht lebt – eine Einstellung, die sich in diesen Fällen auch auf die religiöse Erziehung auswirkt. Ein Vater formuliert dies kurz und knapp, auch im Blick auf die religiöse Erziehung: „Vorleben anstelle von Vorschreiben!"

Umgang mit den Kindern

Weitere Anliegen der Eltern beziehen sich auf ihren eigenen Umgang mit den Kindern in der Familie, aber auch auf Kinder in der Gesellschaft.

Bezüglich der Stellung des Kindes in der Gesellschaft werden beispielsweise als wichtig genannt: eine gute Schulausbildung, das Ermöglichen vielseitiger Aktivitäten, die Erziehung der Kinder zu „gesellschaftsfähigen Menschen", die Fähigkeit, sich in einen sozialen Verbund wie etwa die Familie, die Schulklasse oder auch die Kirchengemeinde einzufügen.

Hinsichtlich der Eltern-Kind-Beziehung werden in den Gesprächen zwei Aspekte mehrfach betont:

– Förderung der Begabungen der Kinder,
– Kinder nicht in eine bestimmte Richtung drängen – vielmehr: Offenheit im Umgang mit den Kindern.

Die geforderte Offenheit bezieht sich für die Eltern einerseits auf die Möglichkeit für die Kinder, ihre Meinung frei artikulieren zu können und zu lernen, sich mit anderen verbal auseinanderzusetzen. Andererseits ist es ihnen ein wichtiges Anliegen, Kinder in Entscheidungen mit einzubeziehen (Kinder sollen mitbestimmen dürfen) und es den Kindern zu ermöglichen, eigene Entscheidungen zu treffen. Ein Vater beschreibt dieses Anliegen so: „Kinder sollen für mich eine innere Freiheit haben, selbst zu entscheiden, was richtig und falsch ist, und nicht etwas machen, weil ich es gesagt habe."

Vereinzelt werden weitere Anliegen in Blick auf die Gestaltung der Eltern-Kind-Beziehung genannt: Hier ist das Anliegen zu nennen, dass Kinder – im Gegensatz zu einem sogenannten Laisser-Faire-Erziehungsstil, bei dem die Kinder einfach sich selber überlassen bleiben – Grenzen erfahren und durch die Erfahrung von Grenzen lernen, was auch das Kennenlernen eigener Grenzen mit einschließt. Daneben wird die Rolle der Eltern als partnerschaftlich beschrieben.

Eltern wollen ihren Kindern also eher Empfehlungen geben, als ihnen einfach Verhaltensvorschriften zu machen. Wo nötig, wollen sie aber auch Grenzen setzen.

Religiöse Erziehung

Religiöse Erziehung ist den meisten der von uns befragten Eltern ein Anliegen, wenn auch in unterschiedlicher Form und Intensität. Nur ein Elternpaar möchte seine Kinder bewusst „*nicht* religiös" erziehen. Die Gründe hierfür liegen in einer streng religiösen Erziehung, die ein Elternteil in der eigenen Kindheit im Elternhaus erfahren hat. Diese Erfahrung führte zu einer bewussten Distanzierung vom Glauben. Beim anderen Elternteil fehlte es in diesem Fall überhaupt an einer religiösen Erziehung im Elternhaus.

Wir gehen wie gesagt davon aus, dass unsere Stichprobe eher die religiös Interessierten erfasst hat. Deshalb ist sicher damit zu rechnen, dass die bewusste Entscheidung gegen religiöse Erziehung oder auch die mehr oder weniger absichtliche Vernachlässigung religiöser Erziehungsziele weit häufiger in der Gesellschaft anzutreffen sind als bei unserer eigenen Befragung. In dieser Hinsicht dürften dann auch noch andere Gründe eine Rolle spielen. Die eigenen (Kindheits-)Erfahrungen der Eltern bleiben aber immer wichtig, und wenn sie in religiöser Hinsicht negativ ausfielen, betreffen sie auch die Eltern als religiöse Erzieher der nächsten Generation. Dazu kommen Gründe, die eher mit dem Lebensstil oder mit der allgemeinen Lebenseinstellung zu tun haben, etwa ein einseitiges oder oberflächliches Interesse am „Spaß haben" oder an Karriere und Besitz als obersten Lebenszielen. Auch religiös interessierte Eltern lehnen solche Motive nicht einfach ab, aber sie lassen es nicht zu, dass diese Motive alle anderen Ziele – und damit auch die religiöse Erziehung – verdrängen.

Die allermeisten der von uns befragten Eltern sehen religiöse Erziehung also als wichtig an. Allgemein gesprochen lassen sich zwei Haupttendenzen unterscheiden:

(1) Religiöse Erziehung ist wichtig. Ausschlaggebend ist dabei das eigene Interesse des Kindes an religiösen Fragen.
    Dabei kann noch einmal zwischen zwei Auffassungen unterschieden werden:
– Religiöse Erziehung auf Initiative des Kindes innerhalb der Familie (3 Familien)

– Religiöse Erziehung auf Initiative des Kindes, aber primär nicht als Aufgabe der Familie, sondern der Schule (4 Familien)

(2) Religiöse Erziehung ist wichtig und eine Familienangelegenheit. Auch hier begegnen unterschiedliche Auffassungen:
– Familien, die religiöse Erziehung als Sache allein der Familie ansehen (7 Familien)
– Familien, die religiöse Erziehung als Sache der Familie, aber auch mit Bezug zur Kirchengemeinde ansehen. (9 Familien)

(1) Die Praxis einer religiösen Erziehung in Abhängigkeit von der ausdrücklichen Initiative des Kindes ist vielfältig. So berichtet ein Elternpaar, es lebe den Glauben ganz unabhängig vom Kind, d.h. ohne eine direkte pädagogische Absicht. Ihrer Ansicht zufolge geben Eltern dem Kind mit der Taufe und mit dem eigenen Vorbild die entscheidenden Grundlagen mit. Die Entscheidung über den weiteren Glaubensweg soll dann beim Kind selber liegen. Erstkommunion und Firmung des Kindes wurden durch die Eltern aber durchaus mit begleitet. Dass sie das Kind hier begleiten und mit „hingehen", ist den Eltern auch ausdrücklich wichtig, um dem Kind nicht das Gefühl zu vermitteln, in die Kirche „geschickt" zu werden, so wie dies der Vater als Kind selbst in der eigenen Familie erfahren hat: „Die haben mich in die Kinderkirche geschickt, sind aber nie mit mir in die Kirche gegangen."
Eine andere Familie möchte religiöse Erziehung in eher lockerer Form praktizieren. Diese Eltern heben ihre Offenheit gegenüber den Fragen des Kindes hervor. Ihr oberstes Kriterium für die Erziehung soll auch hier die Zwanglosigkeit sein: „Wenn man ihn jetzt zwingt, in die Kirche zu gehen, dann macht man vielleicht wirklich eher mehr was kaputt, wie dass man was gut macht."
Eine weitere Familie berichtet, dass der Vater auf Wunsch der jüngsten Tochter immer wieder mit dieser abends betet und dass in der Familie auf religiöse Themen eingegangen wird, wenn die älteren Kinder diese aus der Schule mit nach Hause bringen. Die Mutter äußert, dass sie zu religiösen Themen vor allem geeignete Bücher heranzieht: „Wir vermitteln unseren Kindern das vielleicht durch die Kinderbücher, Weihnachtsgeschichte, der Weihnachtsstern, so was. Da kriegen die das mit. Aber nicht so, dass wir das... dass wir das jetzt vorleben."
Auch in den Fällen, in denen in erster Linie die Schule als verant-

wortlich für die religiöse Erziehung angesehen wird, bleibt die Familie nicht einfach untätig. Nach Ansicht einer Mutter erziehen in ihrer Familie aber eher die Kinder die Eltern, indem sie beispielsweise Weihnachtslieder aus der Schule mit nach Hause bringen und diese dann in der Familie gemeinsam singen. Zuhause wird gelegentlich gemeinsam gebetet oder gesungen, manchmal auch über religiöse Fragen der Kinder diskutiert. Hauptsächlich ist das Verhalten der Eltern aber an dem ausgerichtet, was die Kinder an Fragen, Themen und Wünschen aus der Schule mitbringen. Eine solche Familiensituation entspricht einer grundsätzlichen Offenheit für die Anliegen und Interessen der Kinder, und dies schließt gegebenenfalls auch religiösen Themen ein.

Die Auffassung, dass die Schule eine besondere Zuständigkeit für die religiöse Erziehung der Kinder haben soll, kann bei den Eltern auch zu weiteren Entscheidungen führen. So hat etwa ein Elternpaar beschlossen, dass die Kinder katholische Schulen besuchen sollen, da die Eltern selbst in ihrer Kindheit kaum eine religiöse Erziehung erfahren haben und sich daher nicht so recht in der Lage sehen, ihre Kinder religiös zu erziehen. In diesem Falle soll die (katholische) Schule den Kindern in religiöser Hinsicht Möglichkeiten eröffnen, die ihnen die Eltern selbst nicht bieten könnten.

(2) Auch aus den Berichten der Eltern, die die religiöse Erziehung vor allem von den Eltern her sehen und die sie als wichtige Aufgabe der Familie verstehen, ergibt sich ein vielfältiges Bild. Ein Zwang zum Besuch des Gottesdienstes, wie ihn viele der von uns befragten Eltern aus der eigenen Kindheit in Erinnerung haben, soll verhindert werden. Das soll den Kindern erspart bleiben! Das Vermeiden von Zwang ist ein grundsätzliches Anliegen vieler Eltern. So äußert ein Vater: „Also allgemein zwingen wir unsere Kinder nicht dazu, irgendwas zu tun, was mit Glauben zu tun hat, weil... keiner von uns denkt, dass man mit Zwang in der Richtung was erreichen könnte."
Der Glaube an sich – nicht der Zwang zum Glauben oder zum Kirchgang – soll den Kindern jedoch auch in der Familie weitergegeben werden. Davon sind ebenfalls viele der befragten Eltern überzeugt. Dies unterstreichen die Äußerungen verschiedener Eltern:
– „Das ist mir schon auch wichtig, dass (...) unsere Kinder da auch das erfahren, dass es da so was gibt wie einen Glauben und dass man da / Dass es da was gibt. Das würde ich schon auch als reli-

giöse Erziehung begreifen, dass da die Möglichkeit besteht außerhalb von dem, was man tatsächlich sieht, was man tatsächlich auch begreifen und anfassen kann."

– „Aber das ist ja grade das Geniale, du kannst nichts verlieren, wenn du glaubst, du kannst nur was dazu gewinnen."
– „Für uns ist es wichtig/Also Gottesbeziehung ist ja eigentlich so eine gewisse, ein Grund, an dem man sich mal festankern kann. Dass sie das mitbekommen, ist das Ziel. Ob sie dann nachher regelmäßige Kirchgänger oder Aktivisten oder wie auch immer werden, das ist eigentlich/Das sollen sie selber entscheiden. Aber dass sie diese Grunderfahrung des Haltes und des – ja, dass sie das mitbekommen, das ist schon wichtig."

Religiöse Erziehung hat in den hier angesprochenen Familien vor allem in Form des gemeinsamen Feierns von Festen ihren Platz, aber auch im – mehr oder weniger regelmäßigen – gemeinsamen Gottesdienstbesuch. Von manchen Eltern werden darüber hinaus auch Gespräche zwischen Eltern und Kindern zu religiösen Fragen oder das gemeinsame Beten vor dem Essen oder beim Zu-Bett-Bringen genannt.

Der Bezug zur Kirchengemeinde, den manche Eltern als wesentlichen Bestandteil der religiösen Erziehung verstehen, kommt für diese Eltern vor allem durch den gemeinsamen Gottesdienstbesuch zustande, aber auch etwa durch das Engagement der Eltern oder jedenfalls eines Elternteils in der Gemeinde oder durch die Aktivität der Kinder in der Jugendarbeit der Gemeinde. Ein Vater berichtet beispielsweise in Blick auf seine Kinder: Sie „sind Ministranten jetzt hier im Ort. Sie sind bei, ja, bei der Pfadfindergruppe auch wieder. Wir haben eine PSG-Gruppe aufgemacht. Da wird dann/Da mach ich jetzt auch mit und da wird auch Wert gelegt, dass man wenigstens an einem Wochenende oder Lager Morgenrunden abhält und dass es Tischgebete gibt und so was. Das sind jetzt aber keine so ganz tiefgehenden Sachen, sondern einfach ein gewisses, einfach so diesen Rahmen bereiten, so außen rum, dass es das überhaupt gibt, und die gehen dann hoffentlich selber ihren Weg."

Grundsätze der Eltern für die religiöse Erziehung

Unabhängig von der Unterscheidung zwischen verschiedenen Orientierungen von Eltern im Blick auf die religiöse Erziehung – stärker vom Kind her oder von den Eltern her, mit oder ohne Bezug zur Kirchengemeinde – lassen sich einige Grundsätze in Bezug auf religiöse

Erziehung festhalten, die viele Eltern ganz allgemein als wichtig hervorheben. Nicht von jedem Elternpaar werden alle diese Grundsätze ausdrücklich genannt. Dennoch scheint sich darin eine allgemeine Tendenz abzuzeichnen, die jedenfalls deutlich über den Einzelfall hinausreicht.

Die den befragten Eltern wichtigen Aspekte sind:
- Vorleben anstelle von Vorschreiben
- Kein Zwang bei Glaubensdingen
- Kindern mitgeben, was man als Eltern mitgeben kann bzw. was man im Leben selbst erfahren hat
- „Christliche Erziehung" – Betonung von Gemeinsamkeiten zwischen den Konfessionen (meist erfolgt keine bewusste Eingrenzung auf eine Konfession).

Hinsichtlich dessen, was die Eltern ihren Kindern inhaltlich vermitteln wollen, variieren die Antworten der Eltern ebenfalls. Ihre Nennungen umfassen „christliche Werte", die sie als wichtige Basis für das Leben des Kindes ansehen, oder es heißt: „Hauptsache einen Glauben" und „dass es einen Gott gibt". Genannt werden aber auch bestimmte Glaubensinhalte sowie das Kennenlernen der eigenen Tradition oder das Aufwachsen in dieser Tradition.

Zurückhaltung bei der religiösen Erziehung?

Aus den bislang beschriebenen Befunden zur religiösen Erziehung – besonders hinsichtlich der betonten Freiwilligkeit – ergibt sich eine wichtige Frage: Worin ist das zurückhaltende Verhalten vieler Eltern bezüglich der religiösen Erziehung begründet, wenn ihnen diese doch ein durchaus wichtiges Anliegen ist?

Bereits genannt wurde die Aussage einer Mutter, die darauf verwies, selbst keine religiöse Erziehung in der Kindheit erfahren zu haben, und die sich daher in Blick auf religiöse Erziehung unsicher fühlt. Ein anderer Aspekt ist der Hinweis mancher Eltern auf den Zwang, den sie in der eigenen Kindheit im Blick auf die religiöse Erziehung erfahren haben und den sie keinesfalls ihren Kindern weitergeben möchten.

Interessanter Weise nicht genannt werden von den Eltern Unsicherheiten, die mit der unterschiedlichen Konfessionszugehörigkeit zu tun haben. Zwar äußern einige Mütter ihr Bedauern darüber, dass die Kinder nicht in der eigenen Konfession getauft sind. Dies führt jedoch nicht zu einem Verzicht auf religiöse Erziehung der Kinder. Allerdings ist schon an dieser Stelle auf die im Folgenden noch genauer darzustellenden Befunde zu verweisen, denen zufolge die Eltern in konfessionsverbindenden Familien ganz allgemein die Gemeinsamkeiten zwischen den Konfessionen weit stärker hervorheben als die Unterschiede. Und von Spannungen oder Konflikten ist kaum einmal die Rede. Insofern ist denkbar, dass aus der Konfessionsverschiedenheit der Eltern tatsächlich ein höheres Maß an Zurückhaltung bei der religiösen Erziehung erwächst, als sich die Eltern selbst bewusst machen oder in den Interviewgesprächen äußern.

Werteerziehung statt religiöser Erziehung?

Es ist deutlich geworden: Die Behauptung, heutige Eltern seien bestenfalls (noch) an Werteerziehung interessiert, nicht aber an Religion oder religiöser Erziehung ihrer Kinder, ist viel zu einfach. Auch in unserer Befragung bestätigt sich zwar die Erwartung, dass Eltern Werte in den Vordergrund rücken und dass es ihnen sehr darauf ankommt, dass sich ihre Kinder tragfähige Werte aneignen können. Dabei denken sie ebenso an solche Werte, die für den Lebenserfolg, für die individuelle Leistungsfähigkeit sowie für das Funktionieren der Gesellschaft bedeutsam sind, wie an solche Werte, die sich eher auf Selbstverwirklichung oder auf den zwischenmenschlichen Umgang beziehen. Deutlich zu erkennen ist aber auch, dass diese Werte für die Eltern keine Alternative zu Religion oder religiöser Erziehung darstellen. Werte können gerade in der Sicht der Eltern religiös oder religiös begründet sein. Zudem gehen wertebezogene und religiöse Vorstellungen für die Eltern vielfach ineinander über. Deshalb lässt sich wohl eher sagen, dass Werteerziehung und religiöse Erziehung für viele Eltern eng zusammengehören. Vielleicht darf sogar so formuliert werden: In den von den Eltern angesprochenen und für die Erziehung in der jeweiligen Familie hervorgehobenen Werten kommt so etwas wie eine tiefsitzende Lebenseinstellung – also ein Lebensglaube und eine ansatzweise religiöse Überzeugung – zum Vorschein, für die sich die Eltern eher der Sprache der Werte bedienen als einer religiösen oder gar kirchlichen Sprache. Ist die Sprache der Werte die heute geläufige Form, von Religion zu sprechen – vielleicht weil die überlieferten religiösen Sprachformen nicht mehr verstanden werden?

In dieser Beobachtung könnte zugleich ein Hinweis für die weitere Ausgestaltung der Familienerziehung liegen: Für die Kinder ist die religiöse Begründung von Werten vielfach weit weniger leicht zu erkennen als für die Eltern. Deshalb wäre es hilfreich für die Entwicklung eines entsprechenden Verständnisses, wenn die Eltern ihren Kindern den Zusammenhang zwischen den von ihnen vertretenen Werten und ihren religiösen Überzeugungen erklären würden.

Dass Werteerziehung und religiöse Erziehung in der Familie für die von uns befragten Eltern keine Alternative im Sinne eines Entweder – Oder darstellen, ist weiterhin auch daran abzulesen, dass die religiöse Erziehung vielen Eltern, die von Werten sprechen, ebenfalls sehr am Herzen liegt. Viele Eltern versuchen, dabei vom Kind und von den Fragen und Interessen des Kindes her zu denken. Darin ist ein deutlicher Fortschritt in Richtung auf eine kindgerechte religiöse Erziehung zu sehen, vor allem im Unterschied zu dem von vielen Eltern ausdrücklich abgelehnten Zwang, den sie selber offenbar gerade bei der religiösen Erziehung häufig erlebt haben. Allerdings scheint in manchen Fällen zumindest die umgekehrte Gefahr nicht ausgeschlossen, dass die Eltern vergeblich auf eine entsprechende Interessenbekundung ihrer Kinder warten. Wenn Kinder nie Erfahrungen mit religiösen Vollzügen machen oder nie in die Kirche gehen, können sie auch kaum Interesse daran äußern. In diesem Falle sollten sich die Eltern fragen, ob sie ihren Kindern eine auch in religiöser Hinsicht genügend anregungsreiche Erziehung bieten.

Durchaus nachvollziehbar ist auch die Haltung von Eltern, die einen wesentlichen Beitrag zur religiösen Erziehung etwa von der Schule erwarten. Warum soll es in diesem Falle anders sein als bei anderen Dimensionen von Erziehung und Bildung? Die Schule ist ja deshalb so wichtig, weil Eltern ihren Kindern nicht alles erschließen können. Falsch wäre eine solche Haltung nur dann, wenn die Eltern die Aufgabe der religiösen Erziehung in dem Sinne an die Schule delegieren, dass sie selber nichts mehr damit zu tun haben wollen. Insofern ist es ermutigend, dass die von uns befragten Eltern fast durchweg ihre bewusste Offenheit auch für religiöse Erziehung in der Familie betonen.

Wer setzt sich durch? Kompromiss bei der Hochzeit – Dilemma bei der Taufe

In diesem Abschnitt soll es um die Frage gehen, wie die Entscheidungen im Blick auf die religiöse Erziehung von Kindern zwischen den Eltern gefällt werden. Solche Entscheidungen sind zumindest auf längere Sicht für alle Eltern in konfessionsverbindenden Familien unumgänglich, da es eben bis heute nicht einfach eine einzige christliche Kirche gibt, sondern nur konfessionelle Kirchen mit ihren Angeboten (Kindergarten in kirchlicher Trägerschaft, Kindergottesdienst, Erstkommunion, Konfirmandenunterricht, Kinder- und Jugendarbeit usw.). Auch der schulische Religionsunterricht wird heute zwar zum Teil in konfessionell-kooperativer (evangelisch-katholischer) Form angeboten, aber an der konfessionellen Grundgestalt ändert sich dadurch nur wenig. Entscheidungen müssen die Eltern also treffen, spätestens ab einem bestimmten Alter des Kindes.

Aber auch in den Familien selbst stellen sich Fragen. Bereits im Säuglingsalter müssen im Blick auf die Taufe Entscheidungen getroffen werden, jedenfalls dann, wenn eine Kindertaufe gewünscht wird. Und das ist in den allermeisten Familien der Fall. Soll dann das Kind in der katholischen oder in der evangelischen Kirche getauft werden? Welche Überzeugungen, Beziehungen und Argumente sind dabei wichtig? Ob es richtig ist, davon zu sprechen, dass sich dabei einer der beiden Elternteile „durchsetzt" oder ob eine andere Beschreibung angemessener wäre, muss sich an den Beispielen selber zeigen.

Im Folgenden lassen wir uns in erster Linie auf die einzelnen Situationen ein, in denen solche Entscheidungen anstehen und getroffen werden. Auf diese Weise wollen wir eine anschauliche Grundlage gewinnen und möglichst dicht bei den Erfahrungen und Fragen der einzelnen Familien bleiben. Bei einer solchen Betrachtung der Interviewgespräche drängt sich denn auch der Eindruck auf, dass eben jede Familie und jedes einzelne Elternpaar einen Sonderfall darstellt. Die Fragen bleiben sich zwar gleich – vor allem die Entscheidung bei der Taufe wird in allen Gesprächen genannt –, aber die Gründe für die jeweilige Entscheidung sind so unterschiedlich wie die verschiedenen Lebenssituationen selbst.

Bei der weiteren Beschäftigung mit den Gesprächen werden dann allerdings doch bestimmte Muster erkennbar, die bei den von den Eltern beschriebenen Gründen über die einzelnen Gespräche hinweg

wiederkehren. Damit die einzelnen Situationen nicht einfach neben-
einander stehen bleiben, wollen wir in einem zweiten Schritt diese
Muster hervorheben und verallgemeinernd nach übergreifenden Tendenzen fragen.

„Jede Familie ist anders!" – Vielfalt der Situationen

Wie gesagt, kommt es uns im Folgenden zunächst darauf an, einen
Eindruck von der Vielfalt, die uns in den Familien begegnet ist, zu
vermitteln. Deshalb lassen wir uns – der Reihe nach – auf die befragten Eltern ein.

Die Mutter ist katholisch, alle drei Kinder sind katholisch getauft. Iro-
nisch-humorvoll kommentiert der evangelische Vater: „Da muss sich
der Mann unterordnen", und die Mutter ergänzt ebenso freundlich:
„da ist er nicht so sehr gefragt worden".

Dennoch können die Eltern ihre Entscheidung gut begründen. Folgende Gesichtspunkte haben für sie offenbar eine wichtige Rolle gespielt: das stärkere kirchliche Engagement der Mutter, das biographisch tief verwurzelt ist; ein auch für den Vater positives Bild von der
katholischen Kirche vor Ort, das er – ähnlich wie auch seine Frau –
auf einen sehr fähigen Pfarrer zurückführt; die katholische Prägung
des gesamten Wohnortes; die beim Vater bereits in die Elterngeneration zurückreichende Verbindung der beiden Konfessionen; schließlich die Überzeugung, dass sich die Konfessionen am Ende doch
nicht so sehr unterscheiden: „Im Grundsätzlichen", sagt der Vater,
„sind sie ja gleich, ob evangelisch oder katholisch".

Hatten die Eltern so gesehen leicht nachvollziehbare Gründe für die
katholische Taufe, so erweisen sich die Dinge bei genauerem Hinsehen allerdings doch als komplizierter. Denn der Vater engagiert sich
später jahrelang in der evangelischen Kirche und lässt sich sogar in
ein kirchliches Amt wählen. Die katholische Taufe der Kinder führt
offenbar nicht dazu, dass der Vater sich danach weniger an die evangelische Kirche gebunden gefühlt hätte. Die Überzeugung, dass die
Unterschiede zwischen den Konfessionen nicht so entscheidend oder
gravierend seien, stellt insofern für diese Eltern eine wichtige Grundlage für ihr gemeinsames Leben und Erziehen dar.

Die von diesen Eltern genannten Gesichtspunkte werden neben weiteren auch in vielen anderen Interviews immer wieder angesprochen – allerdings in anderen Mischungsverhältnissen und mit anderen Akzenten. Zum Beispiel ist da die evangelische Mutter, für die

es als Pfarrerstochter ganz selbstverständlich war, dass ihre vier Kinder evangelisch getauft werden. „Ich konnte es mir gar nicht vorstellen, dass meine Kinder katholisch werden. Und mir war es auch relativ wichtig, dass sie evangelisch werden. Für ihn war das eher..., glaube ich, nicht so wichtig." Der stark katholisch geprägte Ort wird zwar auch von diesen Eltern als ein zu bedenkendes Entscheidungskriterium wahrgenommen, aber er verliert gemessen an der religiösen Prägung der Mutter von vornherein an Bedeutung. Trotzdem fiel die Entscheidung den Eltern am Ende nicht leicht. Das hing vor allem mit der Hochzeit zusammen. Beide wollten kirchlich heiraten, aber eben auch beide in ihrer eigenen Konfession, zumal die Taufe des zweiten Kindes mit der Hochzeit verbunden sein sollte. Bis heute gibt es aber keine von beiden Kirchen gemeinsam getragene Hochzeitsfeier. Erst zwei junge flexible Pfarrer hätten ihnen dann doch eine Art ökumenische Lösung ermöglicht. Für den katholischen Vater stellte sich dabei die Schwierigkeit, dass er seiner Kirche versprechen musste, seine Kinder katholisch zu erziehen – worin er allerdings am Ende kein großes Problem gesehen habe. „Also ich brauchte dann für die Heirat, also für die kirchliche Heirat den Dispens vom Bischof und da muss man unterschreiben, dass man praktisch seine Kinder katholisch erziehen soll und das kann ich ohne weiteres unterschreiben, weil anders geht's/ich kann ja nur das, was ich selber bin, im Prinzip weitergeben." Im Übrigen sei auch ihm wichtig gewesen, dass die Mutter mehr Zeit mit den Kindern verbringen würde als er selbst. Auch diese Eltern legen im Übrigen bei der religiösen Erziehung großen Wert auf das Gemeinsame, das sie als „christliche Erziehung" oder als „christliche Werte" beschreiben. Das Trennende begegne ihnen eigentlich nur von außen – von der Amtskirche her, die sie zumindest in dieser Hinsicht als ziemlich unbeweglich einschätzen.

Bei den Interviews hatten wir Gelegenheit, noch eine weitere Pfarrerstochter zu befragen. Auch hier fiel die Entscheidung bei der Taufe der beiden Kinder sofort auf evangelisch, obwohl der Ehemann stark katholisch gebunden und die örtliche Umwelt vor allem katholisch geprägt ist. Die Entscheidung sei „hauptsächlich" von der Ehefrau getroffen worden. Als weiteren Grund führt auch diese Mutter den Umstand an, dass die Hauptverantwortung für die Betreuung der Kinder eben bei ihr liege und sie nur weitergeben könne, was sie kennt und was sie selbst lebt.

In einem anderen Fall spielt die Umwelt eine wichtige Rolle: Die ersten zwei Kinder des Sohnes eines katholischen Diakons sind durch ihren Großvater getauft worden. Nach dem Tod des Großvaters entscheiden sich die Eltern für die evangelische Taufe ihres dritten Kindes. Ausschlaggebend dafür ist neben der veränderten familiären Situation auch eine durch den Umzug der Familie entstandene neue Situation. Am neuen Wohnort findet die Familie intensiven Anschluss in der evangelischen Kirche, hingegen keinen in der katholischen Ortskirche.

Die in den Gesprächen wiederkehrenden Muster lassen sich auch als allgemeine Fragen formulieren, die für die jeweilige Entscheidung eine hervorgehobene Rolle spielen:

- Welcher der Partner ist stärker in seiner Religion und Konfession verwurzelt?
- Welche Erfahrungen mit Konfession und Kirche sowie mit konfessionsverschiedenen Elternhäusern bringen die Eltern aus ihrer Kindheit mit?
- Wie werden die eigene Kirche und die andere Kirche oder Konfession eingeschätzt?
- Welche Auffassungen vertreten die Eltern im Blick auf Gemeinsamkeiten und Unterschiede zwischen den Konfessionen?
- Welche konfessionelle Ausrichtung erscheint dem Wohnort angemessen, etwa weil die Kinder nicht als Außenseiter aufwachsen sollen?
- Wer kümmert sich mehr um das Kind? Wer trägt die Hauptverantwortung für die Erziehung im Alltag?

Eine unerwartete Beobachtung bestand darin, dass in vielen Fällen die jetzige Elterngeneration bereits in ihrer Kindheit in einem konfessionsverbindenden Elternhaus aufgewachsen ist. Es ist unseres Wissens bislang nicht genauer untersucht worden, ob sich darin ein allgemeiner Trend erkennen lässt, d.h. ob es eine Art „Erblichkeit" konfessionsverbindender Ehen gibt. Denkbar wäre dies ja ohne Weiteres. Wer selbst konfessionsverbindende Möglichkeiten in der Kindheit kennen gelernt hat, wird dafür wohl häufig auch als Erwachsener offen sein.

Etwas anders als in den bisher beschriebenen Fällen stellt sich die Situation einer Familie mit katholischer Mutter, evangelischem Vater und zwei evangelischen Kindern dar. Zur Trauung merkt die Mutter an: „da konnten wir den Kompromiss noch finden". Bei der Taufe hingegen musste dann eine Entscheidung für die eine oder für die andere Seite getroffen werden. Sie fiel hier auf evangelisch, weil der Vater sonst nicht zugestimmt hätte. Seine kritische Einstellung zur katholischen Kirche – besonders zu Papst und Marienverehrung, wie er hervorhebt – war dafür ausschlaggebend. Die Mutter musste am Ende zustimmen. Sie konnte es freilich auch aus innerer Überzeugung tun, weil sie davon ausging, dass die Kinder am katholischen Ort ohnehin katholisch aufwachsen würden, ganz unabhängig von der Taufe. Und so sei es dann auch tatsächlich gekommen: katholischer Kindergarten, katholische Schule, katholischer Mädchenchor. An der Erstkommunion hingegen haben die Kinder nicht teilgenommen. Ganz glücklich ist die Mutter bei alldem trotzdem nicht. Heute stellt sie dies jedenfalls fest: „weil im Nachhinein ich jetzt merk, dass es mir mehr ausmacht, als ich eigentlich erwartet hätte". An solchen Äußerungen wird erkennbar, dass auch scheinbar klare und im Konsens zwischen den Eltern getroffene Entscheidungen sich auf längere Sicht als durchaus problembehaftet erweisen können.

Ein anderes Elternpaar berichtet, dass die Entscheidung gemeinsam auf evangelisch fiel. Die Einigkeit des evangelischen Vaters und der katholischen Mutter eines 16 Monate alten Kindes besteht in der kritischen Haltung gegenüber der katholischen Kirche, die zu viel verlange und etwa auch beim Religionsunterricht viel zu streng sei. Demgegenüber sei die evangelische Kirche „lockerer", und das finden diese Eltern besser als das „Fanatische" in der katholischen Kirche. „Also das war eben der ausschlaggebende Grund, dass einfach der evangelische Unterricht oder überhaupt die Protestanten einfach ein bisschen lockerer sind als die Katholischen". Im Gespräch wird dann allerdings immer deutlicher, dass die Eltern sich tendenziell von jeder Form eines festliegenden (kirchlichen) Glaubens distanzieren. Beten könne man schließlich überall – dazu brauche man keine Kirche. Sie würden „doch beide glauben, auch wenn es nicht unbedingt Gott heißt", sei es für sie „einfach eine überirdische Macht". Oder: „Was wichtig ist, ist der Glaube, dass man überhaupt an irgendwas glaubt". So ist es verständlich, wenn die Mutter sagen kann: „Es spielt wirklich keine Rolle, ob ich jetzt evangelisch oder katholisch bin und es spielt für mich auch keine Rolle, dass der F. [ihr Kind] jetzt evangelisch ist und ich katholisch. Also es ist mein Sohn, es bleibt mein Sohn, und es ist mir egal, ob er jetzt katholisch oder evangelisch ist". Grenzen sehen diese Eltern nur dort, wo andere Religionen wie der Buddhismus ins Spiel kommen. Solche Einschätzungen und Haltungen lassen sich leicht mit den in unserer Gegenwart weit verbreiteten Tendenzen verbinden. Religion ist für viele Menschen wichtig, aber sie sehen darin eine individuelle oder private Angelegenheit. Manchmal wollen solche Menschen dann mit Kirche nichts oder jedenfalls nicht allzu viel zu tun haben. Entsprechend wenig Bedeutung messen sie dann auch der Frage nach katholisch oder evangelisch bei.

Ebenfalls als konfliktfrei beschreiben die Eltern von vier katholischen Kindern ihre damalige Entscheidung. Sie hätten sich ja ohnehin in der katholischen Kirche und bei deren Jugendarbeit kennengelernt. So sei es keine Schwierigkeit gewesen, sich bei der Taufe zu entscheiden. Zumindest „damals nicht", wie die evangelische Mutter hinzufügt. Später, als „es dann auf die Kommunion hinging", sei es für sie anders geworden. Auch in diesem Falle stellen sich die Dinge später also als schwieriger heraus, als es zunächst den Anschein hatte.

Bei einem evangelischen Vater und einer katholischen Mutter fiel die Entscheidung für die Taufe des ersten Kindes in der evangelischen Kirche wegen der Verwandtschaft des Vaters. Den Eltern war die Konfession egal. Der Vater erklärt: „Also meine Verwandten sind evangelisch und da sehr eng pietistisch fast und da war das irgendwie der Wunsch, dass der evangelisch getauft wird, und dann, ja haben wir dem Wunsch entsprochen." Das weitere Kind der Familie [inzwischen 11 Jahre alt] ist bislang nicht getauft, da den Eltern die Taufe nicht am Herzen liegt und die Verwandtschaft geografisch zerstreut und schwer zu sammeln ist.

Hat diese Familie dem Wunsch der pietistischen Verwandtschaft entsprochen, so hat sich eine andere Familie bewusst *gegen* ähnliche Erwartungen der Verwandtschaft väterlicherseits gewandt, weil diese so intensiv und provokativ verfolgt wurden, dass sich bei den Eltern Widerstand und Trotz regten. „Und bis dato war das eigentlich für uns gar nicht relevant, wie die Kinder werden. Wie die Kinder dann natürlich kamen und in der Familie auch schon jeder darauf gelauert hat – was werden sie denn? Und dann das natürlich auch in den Bekanntenkreis von meinen Schwiegereltern gekommen ist, war uns das ein innerer, äußerer Drang zu vermelden, dass wir sie katholisch taufen lassen." Mit der „anderen", der katholischen Konfession entschieden sich die Eltern zugleich für die Konfession des religiöseren Elternteils, so wie sich dies auch für andere der von uns befragten Eltern darstellte.

Bei einer weiteren Familie ging die katholische Mutter wie selbstverständlich davon aus, dass das Kind „wie sie" getauft wird, da sie der Überzeugung war, ihrem Mann sei es sowieso egal. Als sie ihre Überzeugung mal so nebenbei ausdrückte, war es freilich anders: „dann gab's da schon ordentlich (lacht) ‚Wie?!' und so und überhaupt". Offenbar war mehr Konfliktstoff oder jedenfalls Klärungsbedarf vorhanden, als die Mutter zunächst angenommen hatte. Die Eltern fanden in der Diskussion dann aber doch zu einer gemeinsamen Entscheidung. Sie fiel auf katholisch, weil die Mutter in religiöser Hinsicht „aktiver" war und dem Kind mehr würde mitgeben können. „Ja und auch nicht aus dem Grund, weil ich das besser finde wie das andere, sondern, weil's eben mir vertraut ist ja, und ich eigentlich gesagt habe, ich kann nicht was weitergeben, wovon ich nur annähernd ein bisschen was mitkriege, was mir nicht so vertraut ist." Dennoch: Dem Vater wäre eine evangelische Taufe lieber gewesen – nicht weil er die katholische Kirche ablehnen würde, sondern „vom Bauchgefühl her". Er sagt: „Meine Frau hat sich durchgesetzt" – wozu die Frau bloß lacht. Auch hier wird die Trauung als „Kompromiss" angesprochen, nun aber nicht im Sinne einer ökumenischen Zeremonie, sondern als Ausgleich: „der Ausgleich war, wir haben evangelisch geheiratet". So entsteht hier das Bild eines Gebens und Nehmens, das fallweise ausgestaltet wird: Der eine gibt bei der Trauung nach, der andere bei der Taufe.

In einer anderen Familie gab die evangelische Mutter ihrem Mann keine Chance zu einer anderen Wahl als der evangelischen Taufe der drei Kinder. Hier beschreibt es der Ehemann so: Meine Frau ist „an diesem Punkt einfach kompromisslos". Bei der Trauung habe man eine überkonfessionelle Ausrichtung gesucht, aber bei der Taufe habe es für die Ehefrau keine Fragen mehr gegeben. Auch das dem Ehemann von der katholischen Kirche abverlangte Versprechen, sich für eine katholische Erziehung der Kinder einzusetzen, habe daran nichts geändert. Allerdings bezeichnet sich der Mann als zwar an der katholischen Kirche interessiert, aber „wirklich gläubig" sei er ohnehin nicht. Eher verstehe er sich als „Agnostiker". In dieser Hinsicht wiederholt sich hier der Eindruck, dass fehlende Kirchenbindung es leichter macht, sich auf die andere Konfession einzulassen. Auch dieser Vater verweist im Übrigen darauf, dass er bereits selber aus einem konfessionsverbindenden Elternhaus komme.

Als letztes Beispiel nehmen wir hier die Situation einer Familie auf, die wiederum die individuelle Prägung besonders hervortreten lässt.

Die Mutter ist katholisch, der Vater evangelisch. Die Tochter wurde im Alter von vier Monaten in der evangelischen Kirche getauft. Wie kam es dazu? – Als erstes fallen die sehr individuellen Lebensumstände dieser Familie auf. Die bevorstehende Geburt der Tochter war bei- spielsweise ausschlaggebend dafür, eine Berufstätigkeit im entfernten Ausland aufzugeben. Die Erfahrungen mit einer fremden Kultur und einer nicht-christlichen Religion (Islam), die dort die Religion der Mehrheit der Bevölkerung war, beeinflussten zumindest im Hintergrund auch die Sicht der Taufe. Und in der Familie selbst mischen sich die Konfessionen schon in der Großelterngeneration. Besonders bedeutsam war aber die unterschiedliche Einstellung der Eltern zu Taufe und Kirche. Wäre der Mutter wohl eine katholische Taufe am liebsten gewesen und war es für sie auf jeden Fall unverzichtbar, dass die Tochter getauft wird, so hätte es der Vater – zumindest damals, wie er mehrfach hervorhebt – „auch ohne Taufe gemacht". Die evangelische Taufe stellt sich in diesem Falle so gesehen als ein Kompromiss dar, bei dem beide einlenken müssen: Der Vater musste auf eine Taufe „einlenken", aber eine katholische Taufe konnte er sich gleichwohl nicht vorstellen. Denn ihm war die „katholische Welt... einfach... nicht tolerant genug". Er beschreibt diese Welt als „festgefahren" und verweist auf „Riten" und „Rituale", aber auch auf bestimmte Themen. So musste die Mutter auf die evangelische Taufe „einlenken". Die Entscheidung für die evangelische Taufe folgt hier also gerade nicht einer besonders ausgeprägten kirchlichen Bindung eines Elternteils. Die relative Kirchenferne des evangelischen Vaters darf allerdings nicht mit religiöser Gleichgültigkeit verwechselt werden. Auch wenn es vor allem die Mutter ist, die so drastisch formuliert: „ich wäre sehr entsetzt", wenn meine Tochter „Muslim werden würde", stimmen doch deutlich beide Eltern in dieser Hinsicht überein. Beim Islam kommt die sonst, etwa im Blick auf evangelisch und katholisch, für sie so wichtige Toleranz an ihre Grenze.

Beinahe wäre die Taufe in dieser Familie am Ende dann doch noch gescheitert. Die Eltern hatten nämlich große Mühe, den von der Kirche verlangten evangelischen Paten zu finden. Deshalb hätten sie die evangelische Kirche in diesem Zusammenhang als wenig „tolerant" erfahren. Wenn sich keine Lösung gefunden hätte, wäre der Vater, wie er betont, aus der Kirche ausgetreten.

Mit der Entscheidung für eine evangelische Taufe ist für diese Eltern zumindest ihrer Erwartung nach auch über den weiteren Weg etwa im Blick auf die Teilnahme an der Konfirmation entschieden. Das gehört für sie dann automatisch mit dazu. Bei der Wahl von Kindergarten und Schule hingegen soll nicht die Konfession entscheiden, sondern allein die pädagogische Qualität.

Die Frage nach den Paten, die im soeben beschriebenen Falle eine konflikthafte Bedeutung gewann und fast zum Kirchenaustritt des Vaters geführt hätte, ist auch sonst von Interesse für den vorliegenden Zusammenhang. Sie lohnt eine eigene Betrachtung.

Paten

Einige Familien haben uns erzählt, welche Überlegungen ihre Wahl der Paten bestimmt haben. Diese Gedanken sollen im Folgenden geschildert werden, auch weil über die Motive bei der Auswahl von Paten bislang wissenschaftlich kaum etwas bekannt ist.

Keine der Familien hat die Paten nach dem Kriterium ihrer Konfessionszugehörigkeit ausgewählt. Die Konfession hat für die Eltern bei ihrer Patenwahl offenbar keine Rolle gespielt. Soweit Kinder Paten aus beiden Konfessionen haben, ist dies Zufall oder familiär bedingt, aber keine Absicht, die mit konfessionsverbindenden Aspekten zu tun hätte.

Einmal erwähnen Eltern allerdings, dass es vermutlich die Großeltern beruhige und gut für den Familienfrieden sei, dass sie Paten aus beiden Konfessionen haben: „Die Großeltern wachen da ja auch immer ein bisschen drüber (lacht), dann gibt es da halt Krach." Und zwei Familien haben nur Paten aus der Konfession, in der die Kinder *nicht* getauft wurden.

Das Gesamtbild ist aber nicht durch die Konfessionszugehörigkeit der Paten bestimmt. Die *Person* sei für die Entscheidung das Wichtigste, nicht die Konfession. „Wir haben das also nach der Person ausgewählt und nicht nach der Konfession", bringt ein Vater die entsprechenden Überlegungen der Eltern auf den Punkt. Von den Personen, die als Paten in Frage kommen oder die sich dafür in den Augen der Eltern empfehlen, erwarten die Eltern, dass sie sich Zeit für ihre Patenkinder nehmen und an Stelle der Eltern treten würden, wenn diesen etwas zustieße: „dass derjenige auch wirklich, wenn es uns mal schlecht gehen würde und sie halt noch nicht erwachsen wäre, dass er dann für sie einstehen würde... Und sie auch aufnehmen würde und sich um sie kümmert."

Dazu kommen menschliche Qualitäten: „Manchmal ist ein Pate auch als Mensch wichtig. Die religiöse Erziehung ist nicht allein Sache des Paten, überhaupt nicht". Diese Auffassung würden sicher viele der von uns befragten Eltern teilen.

Nur in drei Gesprächen kommt das Patenamt als ein kirchliches Amt in den Blick. Die Auswahl von Paten durch die Eltern entscheidet sich sonst durchweg an persönlichen Wahrnehmungen der genannten Art.

Fazit

Die Gespräche zeigen sehr deutlich, dass es richtig ist, von einem sich „Durchsetzen" bei der Taufentscheidung zu sprechen. Dies ergibt sich naheliegender Weise daraus, dass bei der Taufe kaum Kompromissmöglichkeiten in Sicht sind. Die Taufe ist definitiv entweder so oder so – evangelisch oder eben katholisch. Es gibt keine dritte Möglichkeit. Insofern verlangt sie eine – und in vielen Fällen wohl die erste solche – Entscheidung in einer konfessionsverbindenden Ehe. Und wie die Berichte aus den Familien zeigen, fällt mit der Taufentscheidung auch die Entscheidung über den weiteren Gang der kirchlichen Sozialisation. Es ist zumindest in den beschriebenen Situationen selten, dass die Kinder sich vor allem in der anderen Konfession engagieren. Auf die Taufe folgt vielmehr die Beteiligung an den Angeboten der jeweiligen Kirche. Vielen der von uns befragten Eltern stand die tatsächliche Tragweite ihrer Entscheidung bei der Taufe allerdings nicht ohne weiteres vor Augen. Für sie ging es nur um die Entscheidung im Blick auf den in der frühen Kindheit zu vollziehenden Akt der Taufe.

Sehr eindrücklich ist in vielen Fällen der Kontrast zwischen den Erfahrungen bei der Trauung und bei der Taufe. Fast alle Ehepaare, die im vorliegenden Abschnitt zu Wort gekommen sind, bemühten sich intensiv um eine „ökumenische" Form der Trauung, obwohl ihnen vielfach bewusst ist, dass es eine wirklich gemeinsame, also evangelisch-katholische Trauung nicht gibt. Bislang handelt es sich um eine evangelische oder eine katholische Trauung, an der der Geistliche der anderen Konfession beteiligt ist, aber nicht wirklich um einen gemeinsamen Vollzug. Umso plastischer muss dann die Eindeutigkeit bei der konfessionellen Zuordnung der Taufe erfahren werden, da es hier keinen ökumenischen „Ausweg" gibt. Dabei scheint es den Eltern auch nicht bewusst zu sein, dass die Taufe gleichwohl das einzige Sakrament ist, das von den beiden Kirchen wechselseitig anerkannt wird. Beispielsweise muss die Taufe bei einem Konfessionswechsel nicht wiederholt werden – ja, sie darf es nicht einmal, weil es in den Augen der beiden Kirche eine theologisch abzulehnende Wiedertaufe wäre. Fest steht nach den Gesprächen, dass die Eltern am Ende wissen, was sie wollen. Sie entscheiden sich begründet für die Taufe in der einen oder in der anderen Konfession.

Nachdem wir bislang den Einzelfällen in ihrer Vielfalt gefolgt sind, soll nun in einem weiteren Schritt verallgemeinernd der Frage nachgegangen werden, wie sich die Entscheidungsfindung der Eltern verstehen lässt. Dabei wird zunächst ein Blick darauf geworfen, auf welche Art und Weise die Elternpaare zu ihrer Entscheidung kommen. Dann werden die verschiedenen Entscheidungskriterien näher beleuchtet. Die verschiedenen Entscheidungskriterien stellen dabei keine Alternativen dar. Vielfach werden die verschiedenen Argumente gegeneinander abgewogen bzw. miteinander verbunden und führen so zu einer begründeten Entscheidung. Abschließend wird nochmals der Entscheidungsprozess als ganzes dargestellt.

Wie die Entscheidungen zustande kommen: zwischen akzeptierter Kompromisslosigkeit und gemeinsamer Entscheidungsfindung

Grundsätzlich lassen sich bei den von uns befragten Familien zwei Möglichkeiten beobachten, wie die Entscheidungsfindung abläuft: Entweder überlegen beide Eltern „ergebnisoffen" miteinander, oder ein Elternteil gibt eine Konfession mehr oder weniger mit Bestimmtheit vor.

Bei der ersten Möglichkeit sind naturgemäß wenig Konflikte zu erwarten. Bei den Eltern, die den Entscheidungsprozess als gemeinsam und ergebnisoffen beschreiben, gab es tatsächlich keine wirklichen Schwierigkeiten. Bei der zweiten Möglichkeit, die häufiger anzutreffen war als die erste, lassen sich hingegen durchaus Konflikte erwarten. Überraschender Weise kam es aber auch hier nur sehr selten zu größeren Meinungsverschiedenheiten. Bei genauerer Betrachtung der Gespräche lässt sich dabei feststellen, weshalb bei der einen Familie die Entscheidungsfindung konfliktfrei abläuft, bei der anderen dagegen konfliktreicher:

Ganz offenbar ist das Zusammenspiel der Einstellungen bedeutsam. Wenn entweder beide Partner kirchlich nicht sonderlich gebunden sind oder wenn einer der beiden kirchlich deutlich engagierter ist als der andere oder wenn nur einer von ihnen Vorbehalte gegenüber der Konfession des anderen hat, dann kommt es nicht zu nennenswerten Konflikten. Zudem ist mit der einmal gefällten Entscheidung und mit der dann entsprechend evangelisch oder katholisch vollzogenen Taufe der Konflikt irrelevant geworden. Die Frage ist gleichsam erledigt, jedenfalls zunächst. Die Entscheidung ist gefallen, und es gibt – jedenfalls zunächst – keinen Grund, darauf immer wieder zurückzukommen. Man kann zwar sagen, dass sich der eine Elternteil mit seiner Meinung durchsetzt, aber die Entscheidung wird vom anderen Elternteil akzeptiert und mehr oder weniger mitgetragen. Auch in den Fällen, in denen die Verwandtschaft die Taufentscheidung beeinflusst hat, kam es nicht zum Konflikt zwischen den Eltern.

Nur wenn beide Partner kirchlich engagiert sind *und* zugleich Vorbehalte gegenüber der Konfession des anderen hegen, kommt es zu Konflikten, die über den Tag der Taufe hinaus von Bedeutung bleiben.

Ein sehr wesentlicher Grund, weshalb es bei den allermeisten Eltern nicht zu Konflikten bei der Taufentscheidung kommt, dürfte darin liegen, dass der Konfessionszugehörigkeit sehr häufig keine große Bedeutung beigemessen wird. Die meisten Eltern halten die Unterschiede zwischen den Konfessionen für sehr gering bzw. sehen es als „völlig belanglos" an, „ob einer katholisch oder evangelisch ist". Dem Kind und der Familie als ganzer steht es nach Auffassung der Eltern frei, am Gemeindeleben der anderen Konfession teilzunehmen. Schließlich könne das Kind, wenn es will, ja auch konvertieren oder überhaupt aus der Kirche austreten, wenn es einmal mündig geworden und mit seiner Konfessionszugehörigkeit nicht zufrieden ist.

Die Konfessionszugehörigkeit des religiöseren Elternteils – ein erstes Entscheidungskriterium

Mit Abstand am häufigsten nennen die Eltern als Entscheidungsgrund in der Tauffrage, wer von ihnen stärker religiös verwurzelt ist und seine Religiosität intensiver lebt. Dabei ist der „religiösere" Elternteil derjenige mit dem engeren Bezug zu einer Kirchengemeinde, also der kirchlich stärker gebundenere. Die Kinder werden dann in der Kirche des „religiöseren" Elternteils getauft. In diesen Familien ist der „kirchlichere" Elternteil faktisch häufiger katholisch, entsprechend seltener evangelisch. Und bis auf einen Fall ist es die Mutter. Vor allem katholische Mütter spielen für die Taufentscheidung also die entscheidende Rolle.

Zumeist wird die Begründung dafür, die Konfessionszugehörigkeit des religiöseren Elternteils für die Kinder zu wählen, nicht weiter ausgeführt. Sie ist für die Eltern ein offensichtliches Argument, das nicht weiter ausgeführt oder begründet werden muss.

Gleichwohl wird gelegentlich dann doch eine Begründung hinzugefügt, die aufschlussreich ist: Beispielsweise hat der religiösere Elternteil eine intensive religiöse Erziehung erfahren und sich in der Ministranten- und Jugendarbeit engagiert. Die Eltern entscheiden sich dann für dessen Konfession, weil dieser den Kindern „im Endeffekt ... mehr mitgeben" kann. In anderen Fällen steht hinter der Entscheidung ganz allgemein die Auffassung, dass man nur das weitergeben könne, was einem selbst vertraut ist.

Die Konfessionszugehörigkeit dessen, der erzieht – ein zweites Entscheidungskriterium

Ungefähr ein Viertel der Familien gibt an, dass sie sich bei der Taufentscheidung von der Überlegung haben leiten lassen, wer die Kinder maßgeblich erziehen wird. Die wichtigste Bezugsperson war in allen diesen Fällen die Mutter, und so wurde ihre Konfession für die Kinder gewählt. Es mag Zufall sein, dass nur eine dieser Mütter katholisch ist – alle anderen sind jedenfalls evangelisch.

Das Argument der Vertrautheit, das auch schon bei der Wahl der Konfession des religiöseren Elternteils aufgetaucht ist, kehrt hier wieder. Interessant ist, dass die Mütter hier zwar ebenfalls anführen, dass sie nur das weitergeben können, was sie kennen, dass die Unterschiede zwischen den Konfessionen zugleich aber als gering bezeichnet werden. Ein Vater ergänzt sofort, nachdem seine Frau das Vertrautheitsargument eingebracht hat, dass die Unterschiede ja doch sehr gering seien. Er erklärt damit, warum er der Entscheidung gut zustimmen konnte. Hier lässt sich eine gewisse Spannung beobachten: Zum einen werden die Unterschiede als unerheblich bezeichnet, zum anderen als doch so gewichtig angesehen, dass sich einige Eltern nicht in der Lage sehen, den Kindern die Konfession des anderen mitzugeben.

Evangelisch, weil nicht katholisch – ein drittes Entscheidungskriterium

Diese Überschrift klingt zunächst etwas rätselhaft, trifft aber doch eine weitere Ausprägung der Entscheidungsfindung. Es versteht sich von selbst, dass sich viele Eltern für eine Konfession deshalb entscheiden, weil diese von ihnen positiv bewertet wird. Bei ungefähr einem Viertel der befragten Familien wurden die Kinder bzw. das Kind aber aus dem Grund in der evangelischen Kirche getauft, weil die Eltern

Vorbehalte gegenüber der katholischen Kirche haben. In diesen Fällen war den Eltern oder zumindest einem Elternteil die Taufe wichtig, einer oder beide konnten sich aber eine Taufe in der katholischen Kirche nicht vorstellen. Da das Kind getauft werden sollte, blieb sozusagen nur die evangelische Kirche „übrig".

Die Beweggründe dieser Eltern lassen sich so gruppieren:

– Zum einen werden bestimmte Traditionen und Einrichtungen der katholischen Kirche genannt – etwa Zölibat und Papsttum –, die nicht gut geheißen werden, was dann dazu führt, dass eine Taufe in der katholischen Kirche abgelehnt wird.

– Zum anderen wird die katholische Kirche als „zu streng, zu altmodisch", als „ein bisschen zu steif" und „nicht tolerant genug" angesehen, die evangelische Kirche hingegen als „doch mehr so familienfreundlich".

– Zum dritten, mit dem Argument der Familienfreundlichkeit verknüpft, aber doch mit noch anderen Aspekten, wird von einer Familie die Seelsorgesituation in der katholischen Kirche bemängelt. Den zölibatären, also nicht verheirateten Priestern fehle die Innenperspektive von Familie; zudem fehle wegen der Größe der katholischen Gemeinden der persönliche Kontakt zu den Gemeindegliedern.

Es stellt sich natürlich die Frage, ob es nicht auch den umgekehrten Fall gibt: dass Eltern sich für die katholische Konfession entscheiden, weil sie Vorbehalte gegen die evangelische Kirche haben. Eine der von uns befragten Familien lässt ihre Kinder tatsächlich in der katholischen Kirche taufen, um sie nicht in der evangelischen zu taufen. Bei näherem Hinsehen ist dies allerdings vor allem familiär motiviert (dazu noch unten) und weniger durch die Wahrnehmung der Kirchen.

Der Einfluss der Verwandtschaft – viertes Entscheidungskriterium

Bei etwa einem Viertel der Familien haben Verwandte die Wahl der Konfession nachhaltig beeinflusst. Bei zwei Familien stammt je ein Elternteil aus „sehr religiös zugewendeten" Familien. Den Eltern selbst war die Konfessionszugehörigkeit „nicht so furchtbar wichtig", und so wurde dem Wunsch der Verwandtschaft entsprochen. Bei anderen Familien üben bzw. übten Großeltern einen Beruf in der Kirche aus, so dass eine enge Verbindung zur Kirche gegeben war. Diese Familien haben sich für die Konfession entschieden, die durch die gelebte Religiosität der Verwandtschaft nahe lag.

Zumindest einmal gibt es bei den Familien aber auch den umgekehrten Fall, nämlich dass den Interessen der Verwandtschaft widersprochen wurde. Dabei spielte allerdings eines der anderen Entscheidungskriterien eine wichtige Rolle: Mit der am Ende für das Kind gewählten Konfession entschieden sich die Eltern zugleich für die Konfession des religiöseren Elternteils.

Der Entscheidungsprozess

Aus den Beobachtungen, die wir in diesem Abschnitt beschrieben haben, lässt sich ein Weg rekonstruieren, den die Eltern – freilich in verschiedenen Variationen – bei der Taufentscheidung zurücklegen.

Zunächst ist in den allermeisten Fällen mehr oder weniger von vornherein klar, dass die Kinder getauft werden sollen. Der Wunsch, die Kinder zu taufen, steht am Anfang und hat das größte Gewicht.

Als zweites müssen sich die Eltern für eine der beiden Konfessionen entscheiden. Die theoretische Möglichkeit, das Kind lieber doch nicht taufen zu lassen, um keine Entscheidung fällen zu müssen, erscheint den Eltern nicht als wirkliche Alternative.

Die Entscheidung wird dann von beiden Eltern gemeinsam oder durch einen Elternteil unter Zustimmung des anderen getroffen. Dabei bedenken die Eltern sowohl ihre eigene religiöse Herkunft als auch die Wege, die sie ihren Kindern eröffnen wollen.

Die Gründe für die Entscheidung sind, wie beschrieben, die unterschiedlich ausgeprägte Religiosität und Kirchenbindung, die Hauptverantwortung in der Erziehung, eine anti-katholische Haltung sowie Einflüsse aus der Verwandtschaft. Weder Mehr- und Minderheitsverhältnisse am Wohnort noch ein etwaiges Versprechen gegenüber der katholischen Kirche hinsichtlich der Kindererziehung sind für die Eltern nennenswerte Kriterien. Es gibt also klare Abstufungen bei den Entscheidungskriterien, von denen sich die Eltern leiten lassen..

Bei alldem muss bewusst bleiben, dass die Eltern der Entscheidung für die eine oder für die andere Konfessionszugehörigkeit nicht als eine der „großen" Entscheidungen im Leben ansehen, weder für sich selber noch im Blick auf das Kind. Die Unterschiede zwischen evangelisch und katholisch erscheinen ihnen als letztlich unbedeutend. Die Kirchen beider Konfessionen könnten hin wie her besucht werden. Und die von den Eltern getroffene Entscheidung könne vom Kind später rückgängig gemacht werden. Diese Auffassung klingt tendenziell relativistisch, so als gehe es den Eltern nicht um eine dauerhafte Zugehörigkeit des Kindes zu einer Kirche. Diese Folgerung trifft den Sachverhalt jedoch nicht wirklich. Den Eltern geht es nicht um eine Beliebigkeit der Zugehörigkeit, sondern um die Möglichkeit für das Kind bzw. später für den Jugendlichen oder Erwachsenen, die elterliche Entscheidung wieder umkehren zu können (Reversibilität). Offenbar wollen sich die Eltern als Erzieher nicht absolut setzen – was zu den heute weit verbreiteten Auffassungen von Erziehung gut passt.

Für die konfessionelle Prägung der Kinder spielt allerdings nicht nur die Taufe eine Rolle, sondern auch die Ausgestaltung der religiösen Erziehung. Dafür sind Rituale, wie heute nicht nur in der Religionspädagogik betont wird, besonders wichtig.

Wie religiöse Erziehung alltagstauglich wird: Rituale

Rituale sind in hohem Maße konfessionsspezifisch. In ihnen schlagen sich historisch konturiert verschiedene Schwerpunktbildungen und Ausdrucksweisen des christlichen Glaubens – differenziert in Konfessionen – nieder: das Kreuzzeichen auf die Stirn, Heilige als Fürbitter, Bibellese, die Kniebeuge vor dem Tabernakel in der Kirche, Rituale in den sieben Sakramenten, am St. Martins-Tag, St. Elisabeth, das Nikolausritual, die biblische Geschichte vor dem Einschlafen, Segensgesten, Hauskreise, Tageslosungen, Taufsprüche ... Nicht alle Rituale lassen sich nur einer der beiden Konfessionen zuordnen. Und nicht alles davon wird heute noch praktiziert. Selbst die früher so weit verbreiteten Formen des gemeinsamen Betens in der Familie etwa vor dem Essen finden sich immer seltener.

Zur Gestaltung des Familienlebens anhand von Ritualen gibt es inzwischen eine Vielzahl an Ratgebern, aus deren Breite an dieser Stelle besonders auf das seit Jahren bewährte Buch „Durch das Jahr – durch das Leben" von Karl Heinz Schmitt und Peter Neysters (Neuausgabe 2006) hingewiesen werden soll. Mit den Wirkungen religiöser Familienerziehung setzt sich aktuell das Buch „Brauchen Kinder Religion?" (Biesinger u. a. 2005) auseinander.

Dass Rituale auch in konfessionsverschiedenen Familien einen wichtigen Stellenwert haben, zeigt sich in den von uns geführten Gesprächen deutlich. Interessant ist zunächst der Befund, dass kaum eine der von uns befragten Familien keinerlei Ritual hat. So berichten fast alle Eltern von einem Abendritual – allerdings nicht immer in explizit religiöser Form, teilweise mit verschiedensten Liedern und Geschichten. Auch Gespräche über den vergangenen Tag gehören häufig zum Abendritual. Geschichten vorlesen ist oft eher sporadisch mit einem Gebet verbunden. In den meisten Fällen wird jedoch explizit auch von Abendgebeten berichtet, und dies vor allem für die Zeit, in der die Kinder jünger sind. Meist übernimmt dann der Elternteil, dem die religiöse Erziehung der Kinder (besonders) am Herzen liegt, diesen Teil des Rituals bzw. gestaltet dieses ganz.

Die gesamte Gestaltung des Abendrituals ist so für die einzelnen Familien ganz unterschiedlich: In manchen Familien sind daran beide Eltern beteiligt, in anderen nur ein Elternteil, oder die Eltern wechseln sich ab. Entsprechend kann auch das Ritual ganz unterschiedliche Ausformungen haben und unter Umständen sogar für ein Kind in Abhängigkeit von einem Elternteil variieren, wenn die Eltern beispielsweise unterschiedliche Schwerpunkte setzen und unterschiedliche Elemente einbeziehen. In einem Gespräch wird deutlich, dass der Vater ein nichtreligiöses Abendritual, die Mutter ein religiöses Abendritual mit dem Kind pflegt und dass sich die Eltern über die Gestaltung dieses Rituals bislang nicht ausgetauscht haben: „Was, Du betest mit ihm? Das glaub ich nicht!"

Überraschend viele Familien berichten auch von Tischgebeten. Solche Gebete werden aber oft nur unregelmäßig gesprochen und vor allem ebenfalls mehr in der Zeit, in der die Kinder jünger sind. Während einige Eltern das Tischgebet als wichtiges religiöses Element im Familienleben sehen und daher darum bemüht sind, berichten manche Eltern auch, dass das Tischgebet seinen Platz erst aufgrund der Initiative des Kindes erhalten hat – zum Beispiel wenn das Kind ein solches Gebet im Kindergarten oder bei den Großeltern kennen gelernt hat. So berichtet eine Mutter, dass der Vater auf Initiative der jüngsten Tochter das Tischgebet wieder aufgegriffen hat: „Du betest sehr oft mit der Laura. Sie mag sehr gern beten. Sie hat das mitgekriegt, und dass man jetzt ab und zu mal am Tisch betet." Auch die Mutter hat sich dem Wunsch der Tochter angeschlossen.

Vereinzelt wurden von den befragten Eltern weitere Rituale genannt. In einigen Familien werden die Kinder mit dem Kreuzzeichen gesegnet. Die Feier der Tauftage wird nur einmal genannt. In zwei Familien wird viel Wert auf das gemeinsame Begehen des Sonntags gelegt. Von zwei Familien wird auch der gemeinsame Gottesdienstbesuch als Ritual wahrgenommen. Eine Mutter berichtet auch von einer Gesprächshaltung, die sie als wichtiges Ritual empfindet, nämlich den Kindern zu vermitteln, dass gute Noten nicht das Wichtigste auf der Welt sind und dass man Dinge, die auf einen zukommen, im Glauben interpretiert und sie so an den richtigen Platz gestellt werden.

Betrachtet man die Rituale in Abhängigkeit von der Konfession der Kinder, kann man feststellen, dass die Elternpaare, deren Kinder evangelisch getauft sind, vorwiegend von Tisch- und/oder Abendgebeten – und dies vor allem in den ersten Lebensjahren – berichten. Die Elternpaare, deren Kinder katholisch getauft sind, berichten neben Tisch- und/oder Abendgebeten teilweise auch von anderen Ritualen, etwa der Segnung mit dem Kreuzeichen, dem bewussten gemeinsamen Begehen des Sonntags und der Feier der Tauftage der Kinder. Insofern spielt die Konfessionszugehörigkeit auch bei den Ritualen in der Familie eine erkennbare Rolle.

Konfessionelle Zusammenhänge sind jedoch nicht mehr so leicht abzugrenzen, wenn Eltern mit der jeweils anderen Konfession näher in Berührung kommen und deren Rituale kennen und verstehen lernen. So berichtet beispielsweise eine evangelische Mutter, sie habe ausgelöst durch die „konfessionsübergreifende Konfi-3-Arbeit" das Kreuzeichen übernommen: „Also ich mach meinen Kindern jetzt morgens ein Kreuz auf die Stirn, einfach weil das so Zeichen sind oder so Symbole, die fehlen mir in der evangelischen Kirche." Diese Mutter wünscht sich in ihrer Familie mehr Rituale und bedauert daher auch ausdrücklich, dass Tisch- und Abendgebet derzeit nicht mehr stattfinden. Umgekehrt ist etwa bei katholischen Taufen feststellbar, dass Eltern sich einen Taufspruch für ihr Kind aussuchen – ein Ritual, das bisher in der katholischen Kirche nicht verbreitet war. Dies sind Belege dafür, dass Konfessionsverschiedenheit bei Ritualen nicht nur nicht stören muss, sondern dass die Eltern sich für die Rituale der je anderen Konfession interessieren und dadurch bereichert werden können.

Ein weiterer wichtiger Aspekt im Blick auf Rituale in den befragten Familien ist bereits angeklungen: Die Pflege von Ritualen ist vom Alter der Kinder abhängig. Die Eltern betonen, dass sich die Rituale dem Alter der Kinder gemäß verändert haben – und, sofern die Kinder bereits älter sind, dann später auch weitgehend wegfallen. Mit Blick auf das Abendgebet lässt sich entsprechend feststellen: Wenn die Kinder noch klein sind, ist das Abendgebet verbreitet; größeren

Kindern wird selbst überlassen, ob sie beten wollen. Deutlich wird eine von den meisten Familien vollzogene Entwicklung – von sowohl frei formulierten Gebeten als auch von vorformulierten Abendgebeten, die gemeinsam gesprochen wurden, hin zum Tagesabschluss, bei dem das Gebet dem Kind selbst überlassen wird – und vielfach auch nicht mehr Gegenstand des gemeinsamen Gesprächs ist, wie an der Äußerung einer Mutter deutlich wird: „Ob der eine oder andere jetzt vielleicht alleine für sich betet, das könnte ich Ihnen jetzt gar nicht sagen. Da reden sie jetzt eigentlich so nichts drüber. Also bei der Lisa kann ich es mir vorstellen. Beim Markus weniger. (lacht) Aber bei der Lisa schon eher, die ist sowieso so ein bisschen... eher, wie soll man sagen... Die hat schon ein bisschen Affinität zu denen ganzen Sachen. Auch von der Schule her."

Einen anderen Aspekt beschreibt eine evangelische Mutter hinsichtlich ihrer Gebetspraxis mit den Kindern: „Und wo sie ganz klein waren, haben wir auch morgens... gebetet. Also bevor sie aus dem Haus sind. Aber sobald dann die Klassenkameraden aufgetaucht sind, wollten sie dann nicht mehr. Das war ihnen dann peinlich. Also das war für die exotisch." So endete in dieser Familie das morgendliche Gebet mit Beginn der Schulzeit der Kinder.

Je älter die Kinder werden, desto weniger wird auch das Tischgebet als festes Ritual eingehalten. Zunächst kann auch dieses Gebet ganz vielgestaltig sein – hinsichtlich des Inhalts wie auch in seiner Regelmäßigkeit. Eine Mutter berichtet über die Vielfalt des Tischgebets mit ihren kleinen Kindern: „vom Gebetswürfel über Singen vor dem Mittagessen..." Inzwischen gehen die Bedürfnisse der Kinder, was dieses Ritual angeht, auseinander. Die älteren Kinder möchten nicht mehr vor dem Essen singen. Das Ritual des Tischgebets verflüchtigt sich also mit dem Heranwachsen der Kinder zunehmend – auch der Gebetswürfel wird dann uninteressant.

Auch in der Untersuchung von Niels Logemann (2001) – es ist eine der sehr wenigen Untersuchungen zu unserem Thema, weshalb wir an dieser Stelle etwas ausführlicher darauf eingehen – wird die Ritualpraxis konfessionsverschiedener Familien betrachtet. Logemann untersucht, ob die Tradierung religiöser Rituale in konfessionsverschiedenen Familien besonderen Schwierigkeiten ausgesetzt ist. Ein interessanter Befund dieser Untersuchung ist „der insgesamt hohe Stellenwert der Rituale Gebet, Kirchgang und religiöses Gespräch für beide Konfessionen". Dies wird von Logemann als „deutlicher Hinweis auf eine von konfessionellen Konflikten freie Partnerschaft" (S. 247) gedeutet. Diese Einschätzung kann auch anhand der von uns geführten Gespräche geteilt werden, zumindest im Blick auf Rituale. Der insgesamt hohe Stellenwert der Rituale ist bei Logemann, der die Ritualpraxis der Eltern mit ihren Kindern und die Ritualpraxis der Eltern in ihrer eigenen Kindheit verglichen hat, verbunden mit der folgenden Entwicklung: In ihrer Kindheit waren die katholischen Elternteile durch eine intensivere religiöse Praxis geprägt als die evangelischen Elternteile. Bezüglich der Ausübung religiöser Rituale mit den eigenen Kindern geben evangelische wie katholische Elternteile jeweils eine ähnliche Häufigkeit für die einzelnen Ritualformen an (Beten, Kirchgang, Gespräche über Glaube und Religion, Bibel lesen), so dass hier bei den katholischen Elternteilen eher ein Rückgang, bei den evangelischen Elternteilen eher eine Zunahme religiöser Praxis in der eigenen Familie zu verzeichnen ist. „Dieser Effekt könnte sich damit erklären lassen, dass die Tatsache der Konfessionsverschiedenheit zur Angleichung innerhalb des familiären Systems führte. In der konfessionsverschiedenen Familie kommt es zu einer Angleichung der Intensität der religiösen Praxis zwischen den Konfessionen." (S. 248) Auf jeden Fall aber ist erkennbar, dass es in konfessionsverschiedenen Familien nicht etwa zu weniger religiöser Tradierung kommt oder gar automatisch kommen muss – ein weit verbreitetes Vorurteil –, sondern dass auch in diesen Familien religiöse Praxis von Bedeutung ist. Die konfessionsverbindenden Familien finden in dieser Hinsicht offenbar durchaus eigene Wege, die für die jeweilige Familie gangbar sind.

Ein Vergleich zwischen religiöser Praxis der evangelischen und der katholischen Elternteile ergibt, dass katholische Elternteile eine höhere Häufigkeit für Gebetsrituale und deutlicher noch für den Kirchgang angeben als evangelische Elternteile. Dagegen unterscheiden sich die Häufigkeitsangaben für Gespräche über Glaube und Religion sowie für Bibellesen kaum zwischen den evangelischen und katholischen Elternteilen. Interessant ist daran auch, dass sich die Einschätzung, die evangelische Kirche sei die Kirche des Wortes und der Bibel, die katholische Kirche dagegen habe ein Defizit an Bibellesen, anhand der Daten Logemanns nicht belegen lässt.

Das Ausmaß religiöser Praxis in der Familie ist nach dieser Untersuchung maßgeblich durch zwei Faktoren bestimmt: das Geschlecht des Erziehers und die Konfession des Erzogenen. So findet die stärkste

Tradierung religiöser Praxis über die Mutter bzw. dann statt, wenn das Kind katholisch getauft ist (vgl. Logemann 2001, 254).

54

Fazit

Abschließend bleibt festzuhalten, dass sich offensichtlich keine konfessionellen Probleme bei der Pflege von Ritualen abzeichnen. Eltern bringen das, was sie in ihrer eigenen religiösen Sozialisation als wertvoll erfahren haben – sei es in ihrer Kindheit durch die Erziehung im Elternhaus oder in späteren Begegnungen – in die religiöse Erziehung ihrer Kinder ein. Konfessionsverschiedenheit der Eltern kann dabei zu einer unterschiedlichen Gestaltung der Rituale durch Mutter und Vater führen, wird aber von keiner der von uns befragten Familien als konflikthaft beschrieben und stellt vielmehr für viele eine Bereicherung dar. Hier bietet sich beispielsweise auch ein Anlass für die Eltern, über die Gestaltung von Ritualen miteinander ins Gespräch zu kommen und sich auszutauschen. So können Eltern ihre eigenen Schwerpunkte setzen – auch gemeinsam: „Das vor dem Schlafengehen machst mittlerweile du. ... weil ja der Mann, der Vater, oft den ganzen Tag nicht da ist und das auch immer so eine Gelegenheit ist, wo dann die Kinder sich mit ihm noch einmal austauschen können. Interessanterweise bete ich abends was anderes als du. Du betest immer das Vater unser, gell?"

Welche Gemeinde passt zu uns?

Nicht für alle Eltern – das ist bekannt – sind Kirche und Gemeinde wichtig, auch nicht im Blick auf ihre Kinder. Viele Kinder wachsen heute ohne regelmäßige Kontakte zu Kirche und Gemeinde auf. Bei den von uns befragten Eltern ist dies etwas anders, was damit zusammenhängen mag, das sich vor allem solche Eltern zu einem Gespräch mit uns bereit fanden, die sich tendenziell für Fragen des Glaubens in der Erziehung interessieren. Trotzdem sind unsere Beobachtungen interessant, auch wenn sie sich nicht einfach verallgemeinern lassen. Zumindest an bestimmten Punkten, an Weihnachten oder bei anderen festlichen Gelegenheiten, kommen doch viele Familien in Kontakt mit der Kirche.

In Blick auf das Zugehörigkeitsgefühl der Familien zu einer Kirchengemeinde lassen sich wiederum verschiedene Muster erkennen. Sofern die Familien Gemeindekontakt pflegen bzw. mehr oder weniger regelmäßig den Gottesdienst besuchen, lassen sich vier unterschiedliche Möglichkeiten erkennen: Entweder entscheiden sich die Familien bewusst für den Kontakt zu nur einer Kirchengemeinde *(gemeinsame Entscheidung für eine Gemeinde)*, für den Kontakt zu beiden Gemeinden, also zur evangelischen *und* zur katholischen Gemeinde *(sowohl als auch)*, oder aber jeder Elternteil pflegt den Kontakt zu „seiner" Gemeinde *(jedem das Seine)*. Schließlich wird auch die Möglichkeit eines zu beiden Kirchen eher lockeren Gemeindekontaktes praktiziert, indem Familien unabhängig von der Gemeinde aus verschiedenen Angeboten das auswählen, was ihnen am besten entspricht *(Auswahl von Fall zu Fall)*. Dabei lassen sich für die einzelnen Lösungsansätze der Familien ebenfalls unterschiedliche Beweggründe wie teilsweise auch damit verbundene Schwierigkeiten feststellen. Dies soll im Folgenden an Einzelfällen verdeutlicht werden.

Gemeinsame Entscheidung für eine Kirchengemeinde

Die größte Gruppe der Interviewten, acht Familien, hat sich für den gemeinsamen Kontakt zu einer Kirchengemeinde entschieden. In der Regel entspricht die gewählte Kirchengemeinde dabei der Konfessionszugehörigkeit der Kinder. Ein Entscheidungsgrund ist dabei beispielsweise das Engagement der katholischen Kinder bei den Ministranten und das Anliegen der Eltern, als Familie gemeinsam zum Gottesdienst zu gehen.

Eine Familie berichtet, sie habe sich bewusst für die Gemeinde am Ort entschieden, in der sie sich besonders wohl fühlen kann. Die Konfession hat in diesem Fall demnach nur eine untergeordnete Rolle gespielt.

In zwei Familien ist die jetzige Situation das Ergebnis einer Entwicklung im Sinne einer Reduktion des Gemeindekontaktes. Ursprünglich habe man den Kontakt zu zwei Gemeinden gesucht, jetzt sei es nur noch eine. Beide Familien geben an, diese Reduktion aufgrund einer zu großen zeitlichen Belastung vollzogen zu haben sowie um in der einen Gemeinde dann auch heimischer zu werden.

Eine der Familien hat sich dabei für einen intensiven Kontakt zur katholischen Gemeinde entschieden. Das war jedoch nicht immer so. Zunächst hatte die Familie versucht – auch wegen des Engagements des evangelischen Vaters im Kirchengemeinderat –, den Kontakt zu beiden Gemeinden möglichst intensiv aufrecht zu erhalten, was sie auch über mehrere

Jahre praktiziert hat. Seit der Vater seine Tätigkeit im Kirchengemeinderat aus zeitlichen Gründen beendet hat, geht die Familie jedoch gemeinsam hauptsächlich in den katholischen Gottesdienst und nimmt auch vor allem am katholischen Gemeindeleben teil. Die katholische Mutter bemerkt rückblickend: „das ist einfach zuviel geworden".

Das Engagement der katholischen Kinder ist zum einen an die Gewohnheiten der Familie gebunden. Andererseits passen sich die Kinder den Möglichkeiten am Wohnort an. Die älteren Kinder sind aktive Ministranten und damit in der katholischen Jugendarbeit engagiert. Das jüngste Kind, das noch nicht im Kommunionalter ist, geht dagegen in die evangelische Jungschar, weil es für seine Altersgruppe kein Angebot in der katholischen Gemeinde gibt.

Die einmal gefundene Lösung scheint für die Familie weniger problematisch zu sein als die vorausgehende Situation des Engagements in beiden Gemeinden. Der evangelische Vater führt dies auf die personelle Situation am Ort zurück. Aufgrund der positiven Erfahrungen mit den katholischen Priestern dort kann er sich in der katholischen Gemeinde zuhause fühlen.

Ein anderes Beispiel stellt die Entscheidung einer Familie hinsichtlich ihrer Gemeindeorientierung im Kontext eines Ortswechsels dar:

Die Familie – der Vater und die beiden ersten Kinder sind katholisch – hat sich mit dem Umzug an einen anderen Ort auch im Blick auf ihren Gemeindekontakt neu orientiert. Die Eltern fühlten sich von der dortigen evangelischen Gemeinde besonders angesprochen: „Wir (haben) uns bemüht, hier (im Ort) Anschluss zu finden und haben uns die Gemeinden hier angeschaut und die evangelische Gemeinde war einfach in allen Belangen interessanter und besser... und einladender und vielseitiger und auch für die Kinder... spannender." Durch den kollegialen Kontakt des Vaters, der Religionslehrer ist, zur örtlichen Vikarin wie auch durch die als überzeugend wahrgenommene Person des evangelischen Pfarrers wird der Bezug zur evangelischen Gemeinde – durch persönliche Beziehungen also – gestärkt. So scheint es schließlich für die Eltern nur konsequent, das dritte Kind in der evangelischen Kirche taufen zu lassen.

Die gesamte Familie kann sich in der evangelischen Gemeinde am Ort wohlfühlen. Dabei spielt auch der Kontrast zur katholischen Gemeinde eine wichtige Rolle: In der katholischen Gemeinde wird wenig Wert auf Jugendarbeit gelegt, auch spürt die Familie dort eine gewisse Ablehnung von Veränderungen – beides ist jedoch für die Familie wichtig.

Das Ausmaß des Kontaktes zur Gemeinde ist selbstverständlich von Familie zu Familie unterschiedlich. So reduziert sich der Kontakt in manchen Familien auf den (gelegentlichen) Gottesdienstbesuch, in anderen Familien schließt er auch die (regelmäßige) Teilnahme an anderen Angeboten der Gemeinde mit ein oder konzentriert sich sogar auf diese – eine Beobachtung, die auch für die nächste Form des Gemeindekontakts gilt.

„sowohl als auch"
Sechs Familien haben sich für einen Kontakt zur evangelischen *und* zur katholischen Gemeinde entschieden, wobei dieser „doppelte" Kontakt in einer Familie nur auf die Eltern, in einer anderen nur auf die Kinder bezogen ist. Bei den Kindern wird der Kontakt hier durch die Freizeitangebote der Gemeinden bestimmt. Dazu ein Beispiel:

Eine Familie, in der die Kinder in der katholischen Kirche getauft sind und die Mutter evangelisch ist, hat sich bewusst für den Kontakt zu beiden Kirchengemeinden entschieden. Bei näherer Betrachtung wird erkennbar, dass die Mutter durch ihre Tätigkeit als Pfarramtssekretärin in besonderer Weise in der evangelischen Gemeinde eingebunden ist, was sich selbstverständlich auch auf ihren Gemeindekontakt auswirkt. Die Kinder sind dagegen bei den Ministranten in der katholischen Gemeinde. Da die gemeinsame religiöse Aktivität der Familie im Vordergrund steht, kommt die Familie zu ihrem eigenen Lösungsmodell: Sind die Kinder zum Ministrieren eingeteilt, geht die Familie gemeinsam zum katholischen Gottesdienst, ansonsten verteilt sich das Engagement der Eltern mehr oder weniger gleichmäßig auf beide Gemeinden.
Für diese Familie scheint der Kontakt zu zwei Gemeinden keine Schwierigkeit darzustellen. Mit ein Grund für die nach beiden Seiten entwickelten Kontakte ist für diese Familie die gute Zusammenarbeit zwischen der evangelischen und der katholischen Gemeinde am Ort – ebenso wie die allgemeine Offenheit der beiden Gemeinden.

Meist lässt sich aber auch bei den Familien, die Kontakt zu zwei Gemeinden pflegen, ein Schwerpunkt in einer Gemeinde ausmachen – vor allem, wenn der Kontakt zur Kirche regelmäßig ist. Eine besondere Situation liegt hingegen bei einer Familie vor, deren Kinder der konfessionellen Minderheit am Ort angehören. Die Kirche, die der Konfessionszugehörigkeit der Kinder entspricht, ist im Nachbarort. Hier wird in den Äußerungen des ältesten Kindes der Familie eine deutliche Spannung zwischen dem Bedürfnis nach Gemeinschaft am Wohnort und dem Wunsch nach Anschluss an die „eigene" Gemeinde spürbar.

„jedem das seine..."

In einer der befragten Familien pflegen die Eltern jeweils alleine den Kontakt zu ihrer Gemeinde. Punktuell schließt sich aber die Mutter Gemeindeaktionen an, an denen der Vater mit den Kindern teilnimmt. Im Vordergrund scheint jedoch zu stehen, dass sich die Eltern in der Tradition des anderen fremd fühlen.

Aus der Tatsache, dass diese Variante bei den von uns befragten Familien nur einmal zu finden war, darf nicht geschlossen werden, dass sie überhaupt nur sehr selten vorkommt. Es ist nicht unwahrscheinlich, dass sich die Haltung „jedem das seine..." bei einer größeren Zahl von Befragten oder gar bei einer repräsentativen Untersuchung als ähnlich weit verbreitet herausstellen würde wie die anderen Einstellungen, die wir beschreiben.

Auswahl aus Angeboten verschiedener Gemeinden

Eine weitere Gruppe stellen die sechs Familien dar, die sich nicht bewusst für eine Kirchengemeinde entscheiden, sondern aus dem Angebot verschiedener Gemeinden auswählen, was für sie selber wichtig erscheint. Besonders in diesem Falle ist die Frage bestimmend, was zu der Familie passt.

Ausgewählt werden dabei in erster Linie Angebote für Kinder. Eine Mutter berichtet: „Wir gehen da hin, wo es Kindergottesdienst gibt." Diese Familie besucht nur unregelmäßig Gottesdienste und hat sonst wenig Kontakt zu Kirche oder Gemeinde. Besonders die katholische Mutter fühlt sich aber in ihrer Kirche beheimatet. Das dreijährige Kind ist in der katholischen Kirche getauft. Die Konfession spielt bei der Entscheidung für den Gottesdienst jedoch keine Rolle. Vielmehr steht die Frage der Kinderfreundlichkeit des Gottesdienstes im Vordergrund: Wo ein Kindergottesdienst angeboten wird, „da wissen wir ...: wenn sie da jetzt rumrennt, ... das darf sie da einfach und deswegen ... ja, geh ich da dann auch ganz gern hin".

Das Angebot an Kinderkirche, Kinderbibelwoche, Veranstaltungen von Kindergärten, Aktivitäten des Kinderchores oder mit Festen verbundenen besonderen Formen wie Krippenspiele bestimmt also, ob und wo diese Familien Kontakt zu einer Kirchengemeinde aufnehmen. Entscheidend ist nicht die kirchliche Erwartung, sondern das jeweilige Bedürfnis der Familie, besonders im Blick auf die Kinder.

In diesen Zusammenhang gehören natürlich auch die großen Feste im Jahreskreis, besonders Weihnachten. Eine Familie erwähnt, dass ihr einziger Berührungspunkt im Gottesdienstbesuch an Feiertagen besteht.

In zwei weiteren Familien werden neben der Auswahl von Angeboten für Kinder bzw. dem Gottesdienstbesuch noch zwei weitere Aspekte genannt, eine Mutter-Kind-Gruppe und das Frauenfrühstück, durch die explizit auch die Mütter angesprochen werden.

Ausgehend von den Situationen der befragten Familien kann die Entscheidung in Bezug auf den Gemeindekontakt z. B. durch folgende Aspekte beeinflusst werden:

- Oft wird die Familie den Kontakt zu der Gemeinde pflegen, der die Kinder angehören.
- Wie wichtig ist dem Elternteil mit der anderen Konfession der Kontakt zu seiner Gemeinde?
- Was ist für die Eltern wichtiger: ein intensiver Kontakt zu einer Gemeinde oder ein dann weniger intensiver Kontakt zur evangelischen *und* zur katholischen Gemeinde?
- Wie belastend empfinden die Eltern ein (intensives) Engagement in zwei verschiedenen Gemeinden?
- Wie wichtig ist der Familie ein gemeinsames Engagement? Ist es wichtig, gemeinsam den Gottesdienst zu besuchen bzw. sich gemeinsam in der Gemeinde zu engagieren, dort als Familie präsent zu sein? Oder ist es wichtiger, dass beide Elternteile ihren Glauben weiter ganz in ihrer jeweiligen Tradition leben können?
- Ist ein Elternteil bereits lange Jahre in einer Kirchengemeinde am nun gemeinsamen Wohnort verwurzelt?

Solche Fragen machen auch deutlich, dass es zu einfach wäre, hier abwertend von einer bloßen „Supermarkt-Situation" zu sprechen, bei der sich eben jeder auswählt und nimmt, was ihm passt. Was von außen – auch von der Kirche her – gesehen leicht als ein bloßes Konsumverhalten erscheint, kann tatsächlich auf subtile Prozesse der Klärung und Entscheidung in der Familie selbst zurückgehen. Wichtig ist auch, dass Angebote für Kinder hinsichtlich der Attraktivität von Gemeinden eine oft unterschätzte Rolle zu spielen scheinen.

*Wir gehen sowieso nirgends hin – weitgehender Verzicht auf
Gemeindekontakt*

Bei den bislang dargestellten Situationen ist der Wunsch nach einer
Form des Gemeindekontakts oder nach der Teilnahme an Gottesdiensten durchaus vorhanden, auch wenn er manchmal nur selten
realisiert wird. Das ist aber keineswegs der immer und überall voraus-
zusetzende Normalfall. Distanz zur Kirche, wie sie in Deutschland
vielfach zu beobachten ist, findet sich natürlich auch bei konfessionsverbindenden Ehepaaren. Konfessionsverbindende Beziehungen sind
nicht gleichzusetzen mit einem verstärkten Interesse an Kirche oder
Gemeinde, so wie umgekehrt auch nicht gilt, dass solche Beziehungen automatisch mehr Kirchendistanz nach sich ziehen (vgl. Logemann 2001).

Vier der von uns interviewten Familien gaben an, im Prinzip keinen
Kontakt zu einer Kirchengemeinde zu haben. Was sind die Gründe
für den nicht vorhandenen Kontakt? Welche Meinung haben die Familien von der Kirche? Wie spiegelt sich die Haltung der Eltern in
der Erziehung? Pflegen die Familien auch zuhause keine religiösen
Rituale? Im Folgenden wird ein näherer Blick auf vier Familien geworfen. Dabei interessiert uns auch, ob sich die Familien in ihrem
Verzicht auf Kirchenkontakt ähneln. Wir folgen also wieder den einzelnen Familien und lassen uns auf ihre Situation ein.

Eine dieser Familien besucht Kirchen nur beim Schuljahresanfangs-
gottesdienst der Kinder, bei Taufen und Beerdigungen. Der evangelische Vater empfindet die Gottesdienste, die er erlebt, als Zumutung.
Er bemängelt vor allem ihr intellektuelles Niveau, hält sie für „primitiv" und inhaltlich austauschbar. Seine Sicht der Kirche ist durch
sein eigenes Aufwachsen geprägt. In engen pietistischen Verhältnissen aufgewachsen, spricht er davon, beinahe eine „Gottesvergiftung"
erlitten zu haben. Er hat sich im Studium vom Pietismus distanziert
und bezeichnet sich nun als Atheisten. Dennoch: „Also ich fände es
jetzt auch traurig, wenn sie die Kirche platt machen würden und das
gar nicht mehr möglich wäre. Also die Möglichkeit, da hin zu gehen,
das ist ja ganz toll. Man tut's nicht, aber man hat immerhin die Möglichkeit."

Die katholische Mutter hat in ihrer eigenen Kindheit keinerlei religiöse Erziehung erfahren und hat auch jetzt keinen Bezug zur Kirche.
Sie glaubt „unkonkret an irgendetwas". Des gemeinsamen Gesanges
wegen, der sie bewegt, könnte sie Gottesdienste besuchen, aber ab-

gesehen von den genannten Fällen kommt es nicht dazu. Auch an Weihnachten passt ein Gottesdienstbesuch nicht in den gewohnten Ablauf des Familienfestes.

Bei dieser Familie stehen die Eltern, die die Kirche als soziale Institution durchaus schätzen, in bewusst gewählter Distanz zur Kirche, zu Gottesdiensten und anderen Angeboten. Diese Distanz prägt auch ihre religiöse Erziehung der Kinder: Das jüngere Kind – elf Jahre alt – ist bislang nicht getauft. Eigentlich wollen die Eltern es taufen lassen, aber eine Taufe hat einfach bisher nicht stattgefunden. Das vier Jahre ältere Geschwister ist zwar in der evangelischen Kirche getauft, die Eltern haben ihm aber von Konfirmandenunterricht und Konfirmation, an denen das Kind teilnehmen wollte, abgeraten. Hier haben die Eltern keine Offenheit für das Interesse des Kindes gezeigt, ihm sogar gewehrt. Ein „bisschen unglücklich war er dabei, glaub ich." Ob der Grund in den vielen anderweitigen Hobbys des Kindes oder in den Schulnoten lag, wird im Gespräch nicht ganz ersichtlich. Das Kind hat sich jedenfalls dem Rat der Eltern gefügt. Beide Kinder besuchen keine kirchlichen Angebote. Etwas in Spannung zu der ablehnenden Haltung in Hinsicht auf die Konfirmation steht die Äußerung des Vaters, dass er es schon gern gesehen hätte, wenn seine Kinder die Kinderkirche besucht hätten. „Irgendwie müssen sie wissen, was die Tradition ist, was ganz wichtig ist, in unserer Gesellschaft. Ja, die ganzen Werte, die sind ja aus der Religion." Die Kinder wollten aber nicht. Der Vater hat nicht versucht, sie dazu zu bewegen.

Bei den anderen Familien, die „nirgends hin" gehen, wollen ein oder beide Elternteile auf mögliche religiöse Interessen der Kinder eingehen. In zwei Fällen handelt es sich bislang um einen Vorsatz, denn die Kinder, jeweils um die eineinhalb Jahre alt, können ihre Interessen noch nicht so gut äußern.

Bei den beiden Kleinkind-Familien haben sich die katholischen Mütter vorgenommen, ihr Kind, wenn es dann etwas älter ist, in seinen religiösen Interessen zu begleiten, mit ihm zu beten oder auch einen Gottesdienst zu besuchen. Bislang bestand der Gemeindekontakt in der Taufe des Kindes – bei beiden Familien in einer evangelischen Kirche. Eine Mutter besucht mit ihrem Kind eine kirchliche Krabbelgruppe, in der die Kirche aber „gar nicht wahrnehmbar" ist. Beide Familien sind in ihren Wohnorten nicht verwurzelt, so dass es keine kirchlichen Bindungen des Vaters oder der Mutter aus ihrer Jugendzeit gibt.

Die eine Kleinkind-Mutter möchte ihr Kind, wenn es später in die Kirche gehen will, begleiten, weil sie es selbst als negativ erfahren hat, als Kind alleine in die Kirche gehen zu müssen. Ihr Mann zeigt keine Bereitschaft, das Kind zu begleiten. „Dann machst du das." Darauf die Mutter: „Du bist ja doof." Gottesdienste langweilen den Vater. An der katholischen Kirche übt er in verschiedener Hinsicht starke Kritik. Die Mutter dagegen findet es eigentlich schade, an Weihnachten nicht in die Kirche zu gehen. Sie möchte nicht allein gehen und hofft darauf, später mit dem Sohn gehen zu können. Hier besteht also bei der Mutter die Hoffnung, durch ihr Kind wieder eine engere Kirchenbindung zu bekommen. Der Vater, der als Jugendlicher positive Erfahrungen in der kirchlichen Jugendarbeit gemacht hat, scheint keine Ambitionen zu haben, seinen Gemeindekontakt wieder aufleben zu lassen. Oder doch? „Ich werd ja wahrscheinlich älter und guck mir das bestimmt mal an."

Die andere Kleinkind-Mutter möchte mit ihrer Tochter Gute-Nacht-Gebete beten, „wenn sie dann so weit ist". Der Vater findet das Vorhaben seiner Frau „gut", würde sich selbst aber eher raushalten. „Ich glaube, bei mir würde das nicht echt genug klingen. Das ist dann vielleicht eher Zeitverschwendung." Auch bei dieser Familie ist die Mutter selbst religiös aufgewachsen, der Vater eher nicht.

Bei den beschriebenen Familien werden – zumindest bisher – weder zuhause religiöse Rituale gepflegt noch Gottesdienste und andere kirchliche Veranstaltungen besucht. Sie unterscheiden sich jedoch in der Offenheit, die sie für religiöse Interessen der Kinder haben, sowie in der Bereitschaft, den Kindern zuhause religiöse Elemente vorzuleben.

Bei der vierten Familie betet der katholische Vater regelmäßig mit dem kleinsten, dreijährigen Kind, teils auch die Mutter. Bei den neun und zwölf Jahre alten Geschwistern gab es noch keine Abendgebete. Die beiden älteren Kinder sind evangelisch, das jüngste Kind ist noch nicht getauft, weil die Eltern wollen, dass es die Taufe bewusst miterleben und sich daran erinnern kann. Die Eltern sind offen für religiöse Impulse, die die Kinder aus Religionsunterricht und Kindergarten mitbringen, seien es Erzählungen, Lieder oder ein Tischgebet. Selbst pflegen sie kaum Kontakt zu einer Kirchengemeinde – abgesehen vom Frauenfrühstück, das die Mutter unregelmäßig besucht, sowie von Weihnachten und besonderen Kinderkirch-Aktionen. Sein Glaube hat für den Vater „nicht unbedingt was mit Kirche zu tun". Sein Verhältnis zu seiner

Kirche bezeichnet er als „normal", die Mutter meint, „kein großes Verhältnis" zu ihrer Kirche zu haben. In diesen Äußerungen spiegelt sich das eigene Aufwachsen der Eltern. Die Mutter hatte als Kind „nix mit Kirche" zu tun, der Vater ist mit Abendgebeten aufgewachsen und hat mit seinem Vater religiöse Gespräche geführt.

Im Gegensatz zu den drei zunächst skizzierten Familien besucht die vierte Familie unregelmäßig kirchliche Veranstaltungen. Insofern geht sie, streng genommen, nicht „nirgends hin". Ihre Bindung an die Kirche ist aber doch recht lose. Die Eltern sehen sich selbst in einer gewissen Distanz zur Kirche. „Wenn ich gläubig bin, dann hat das nicht unbedingt was mit Kirche zu tun", meint der Vater. Zugleich unterstützen sie ihre Kinder in ihren religiösen Neigungen, wie es auch die Familien mit den Kleinkindern vorhaben.

Jede Familie hat also ihre eigenen Gründe, keine engeren Kontakte zu einer Gemeinde zu pflegen. Auch hinsichtlich ihrer Meinung von der Kirche und hinsichtlich der häuslichen religiösen Erziehung unterscheiden sie sich. Eine Gemeinsamkeit lässt sich aber doch erkennen: Im Großen und Ganzen geben die Eltern ihren Kindern das weiter, was sie selbst an religiöser Erziehung erfahren haben, bzw. haben sich vorgenommen, ihren Kindern ein ähnliches Aufwachsen zu ermöglichen. Sie erzählen beispielsweise, dass sie viel Toleranz erfahren haben, viel fragen konnten und dass sie das auch ihren Kindern ermöglichen wollen. Wer keine religiöse Erziehung erfahren hat, dem ist es auch bei seinen Kindern kein großes Anliegen. Und wer religiöses Leben als Privatsache erlebt hat, sucht selbst keinen Kontakt zu einer Gemeinde. Nur der evangelische Vater, der sehr religiös erzogen wurde, gestaltet die Erziehung seiner Kinder im bewussten Gegensatz zu seiner eigenen. Und die katholische Mutter, die als Kind nicht in den Gottesdienst begleitet wurde und darunter gelitten hat, möchte sich ihrem eigenen Kind gegenüber bewusst anders verhalten. Auch in diesen Fällen spielen Kindheitserfahrungen – allerdings als negatives Gegenbild – eine wichtige Rolle für das eigene Handeln bei der religiösen Erziehung der Kinder. Einstellungen zu religiöser Erziehung sind offenbar biographisch tief verwurzelt.

Insgesamt erscheint die Frage des Gemeindekontaktes und des religiösen Familienlebens als über die Generationen hinweg stark durch Traditionen und Gewohnheiten geprägt. Dies schließt Offenheit für neue Impulse, besonders wenn sie von Seiten der Kinder kommen, nicht aus.

Welche Herausforderungen sind zu bewältigen?

Nicht in allen Bereichen stellen sich die Dinge so einfach oder konfliktarm dar wie bei den Ritualen in der religiösen Erziehung oder bei den bislang erwähnten Kontakten mit Kirche und Gemeinde. Das ist schon bei Taufe und Trauung sichtbar geworden, und es gilt auch in anderen Hinsichten. Deshalb muss nun auch von besonderen Herausforderungen und Schwierigkeiten die Rede sein.

Lebensgeschichtliche Herausforderungen und wiederkehrende Schwierigkeiten für evangelisch-katholische Familien

Im innerfamiliären Alltag ergeben sich für die von uns befragten Familien keine Probleme aufgrund ihrer gemischten Konfessionalität. Hingegen stellen die Kontakte zu Kirchengemeinden sowie bestimmte lebensgeschichtliche Situationen die Familien vor Herausforderungen, die sich auf das Verhältnis zwischen evangelisch und katholisch beziehen. Um diese Situationen soll es im Folgenden gehen. Welche Problemlagen entstehen können, soll beschrieben werden.

Die verschiedenen Herausforderungen und Schwierigkeiten, die sich konfessionsverbindenden Familien stellen, lassen sich mithilfe einer Übersicht veranschaulichen. Dabei wird zugleich die Vielschichtigkeit des Themas ersichtlich. Neben den Eltern und Kindern spielen auch andere Personen im Umkreis der Familie eine Rolle.

	für Eltern	für Kinder
Herausforderungen auf dem Lebensweg	*eine* Hochzeit	
	eine Taufe Einflüsse von Verwandten Wahl der Paten	
		(Nicht-)Zugehörigkeit zu Kommunionkindern/ Konfirmanden
	Tischeltern der anderen Konfession	
Wiederkehrende Schwierigkeiten	Zugehörigkeitsgefühl/ Beheimatung Zeitmanagement Abendmahl	Zugehörigkeitsgefühl/ Beheimatung

Es lässt sich unterscheiden zwischen Herausforderungen, die Eltern bzw. Kinder im Lauf ihres Lebens zu einem gew punkt konfrontiert sind, und Schwierigkeiten, die ein I darstellen bzw. immer wiederkehren – unabhängig von lebensgeschichtlichen Situationen.

Wir beginnen mit den punktuellen Herausforderungen. Für die Eltern, die sich kirchlich trauen ließen, war es notwendig, sich bei der Eintragung der Trauung für eine Konfession zu entscheiden. Wenn diese Entscheidung auch für fast alle Eltern zunächst keine große Herausforderung darstellte, war es doch eine Situation, die eine Entscheidung erzwang. Sich nicht zu entscheiden war keine mögliche Alternative.

Ähnlich stellt es sich hinsichtlich der Taufe dar. Wer sich für eine Taufe im (frühen) Kindesalter entscheidet, muss sich auch für eine bestimmte Konfession entscheiden, der das Kind dann angehört. Auch diese Hürde haben die meisten Eltern vergleichsweise leicht genommen, der Entscheidungssituation konnten sie gleichwohl nicht ausweichen (vgl. oben, S. 34ff.).

Bei der Tauffrage können sich allerdings zusätzliche Fragen stellen, etwa aufgrund der Meinung von Verwandten oder im Blick auf die Konfessionszugehörigkeit der Paten. Wie oben beschrieben (S. 42), ist die Konfession eines Paten für die von uns befragten Eltern selbst kein Entscheidungskriterium für die Patenwahl. Den kirchlichen Vorgaben entkommen sie aber nicht. Einen Kompromiss zwischen den Vorstellungen der Eltern und den Vorgaben der Kirchen zu finden, die einen Paten oder Taufzeugen ihrer Konfession fordern, kann somit eine Herausforderung für beide Seiten darstellen.

Bei einem Viertel der Familien beeinflusst die Verwandtschaft die Taufentscheidung der Eltern (vgl. S. 47). Anders als bei Paaren mit gleicher Konfessionszugehörigkeit kann eine Entscheidung *für* eine Konfession immer auch als Entscheidung *gegen* die andere Konfession – sogar als Entscheidung *für* die eine, *gegen* die andere Familie – verstanden werden. Familienangehörige eines Elternteils können sich in ihren religiösen Gefühlen oder auch insgesamt verletzt oder zumindest zurückgesetzt fühlen. Die Entscheidung in der Tauffrage ist eine Entscheidung, die die Eltern treffen müssen, die sie aber eventuell auch vor der Verwandtschaft verantworten und tragen müssen.

Kommunionvorbereitung als Scheideweg

Für die Kinder der von uns befragten Familien stellt sich – von zwei Ausnahmen abgesehen – ihre Taufe als eine bloße Gegebenheit dar, die keine weiteren Fragen aufwirft. Sie ist ein Faktum, das an sich keine Schwierigkeiten birgt. Bis ins Kommunionalter hinein spielt die konfessionelle Zugehörigkeit für die Kinder offenbar keine Rolle, können sie doch an Angeboten der evangelischen und der katholischen Kirchengemeinden gleichermaßen teilnehmen. Erst ab dem Kommunionalter berichten die Familien von Schwierigkeiten, die sich für ihre Kinder ergeben. Zu diesem Zeitpunkt wird den Kindern bewusst, dass es evangelisch und katholisch gibt, nicht „einfach Kirche", und dass die Konfessionszugehörigkeit Folgen für sie hat. Dabei kann sowohl die Zugehörigkeit wie die Nicht-Zugehörigkeit zu den Kommunionkindern bzw. den Konfirmanden zur Herausforderung werden.

Für evangelische Kinder, die in einem stark katholisch geprägten Ort aufwachsen, kann die Nicht-Teilnahme an Kommunionsvorbereitung, Kommunion und Ministrantendienst bedeuten, dass sie nicht richtig dazugehören. An solchen Orten ist der Zusammenhang zwischen kirchlichen und sozialen Bezügen häufig noch immer sehr stark ausgeprägt. Zum Zeitpunkt der Erstkommunionsvorbereitung wird den Kindern dann bewusst, dass sie nicht dazugehören, sie stehen außen vor und erfahren sich im Extremfall als ausgeschlossene Minderheit. Während ihre Klassenkameraden ein großes Fest erleben und zur Gruppe der Ministranten gehören, bietet sich für sie keine Alternative. Sie erfahren hier eine Grenze, die sich in anderen Bereichen gemeindlicher Jugendarbeit wie zum Beispiel Pfadfinder oder Jugendgruppen nicht auftut. In Ortschaften mit sehr geringem evangelischem Bevölkerungsanteil beispielsweise gibt es oft keine evangelische Kinder- und Jugendarbeit vor Ort. So berichtet eine Mutter über ihre evangelische Tochter: „Das sieht sie ein bisschen schon auch als Nachteil, dass es [bei uns] keine Ministranten gibt."

Findet zudem kein evangelischer Religionsunterricht statt und nehmen die evangelischen Kinder am katholischen Religionsunterricht teil, verstärkt sich das Gefühl einer Außenseiterposition, wenn im Religionsunterricht etwa Kommunion und Ministrantendienst zum Thema werden.

Auch für katholische Kinder in einem stark evangelisch geprägten Umfeld kann die Zeit der Kommunion Schwierigkeiten beinhalten.

Ein Elternpaar beschreibt diese Zeit als „Umbruch", bei dem sich die Kinder ihrer Konfessionszugehörigkeit bewusst werden. Ihr erstes Kind, das in der evangelischen Kinderkirche verwurzelt ist, wird durch die Zeit der Kommunion aus diesem Umfeld herausgerissen, was bei ihm selbst zu Zerrissenheit und zeitlichen Engpässen führt und bei seinen Freunden aus der Kinderkirche zu Unverständnis. Die Eltern wollen ihre Tochter unterstützen und intensivieren für die Zeit der Kommunionsvorbereitung den Kontakt mit Katholiken. Die katholische Mutter, die dann selbst eine Kommuniongruppe leitet, empfindet diese Intensivierung am Anfang „als einen ganz schönen Hammer", „weil bis dato war für sie die evangelische Kirche die Heimat". Der kleinere Bruder hatte es nachher aufgrund des Vorbildes von Seiten der Schwester leichter. Für ihn „war das dann auch völlig normal". Hier zeigt sich, dass es im Kontext der Initiationssakramente zu Spannungen kommen kann, wenn Kinder in der Situation eines Dauerkontaktes zur Gemeinde der anderen Konfession leben und daneben nur wenig Kontakt zur eigenen Gemeinde besteht. Spannung kann in dieser Situation auch bei den Eltern entstehen, die im Kontext der Erstkommunionvorbereitung oder des Konfirmandenunterrichts und dem damit verbundenen intensiveren Kontakt zur entsprechenden Gemeinde mit ihren bisherigen Gewohnheiten brechen: „Ja und wie gesagt es ist halt immer diese Kommunion. Ja, da sind wir dann natürlich wirklich auch durch, da müssen sie einfach immer wieder... oder da kriegen sie auch extra Einladungen. Da muss man halt, in dem Jahr sind wir dann auch eher wieder bei den Katholiken (lacht)." Für die Tochter dieser Familie stellt die Zeit der Konfirmation eine nächste Herausforderung dar. Die Nichtteilnahme an der Konfirmation wird zur sehr persönlich erfahrenen Schwierigkeit. Dieses Kind möchte gerne von der Kinderkirche ins Leitungsteam der Kinderkirche wechseln. Dieser Wechsel geschieht gewöhnlich mit der Konfirmation. Unklar ist derzeit, ob auch das katholische Mädchen dann in der Leitung mitarbeiten kann, was für sie „total naheliegen würde", da sie damit groß geworden ist.

Bislang gab es in der evangelischen Kirche keine besonderen Angebote im Grundschulalter, die der Erstkommunion parallel gehen. Seit einigen Jahren wird aber in einem Teil der Landeskirchen, besonders in der Evangelischen Landeskirche Hannovers sowie in der Württembergischen Landeskirche, ein Konfirmandenunterricht im Kindesalter angeboten, in der Regel in Klasse 3 oder 4 (KU 3 oder Konfi 3).

Damit dürften sich nun auch die Situationen vermehren, in denen sich entsprechende Herausforderungen für katholisch getaufte Kinder aus konfessionsverbindenden Familien stellen.

Wenn Kinder anders wollen...

Ein Problem ergibt sich auch, wenn Kinder anders wollen als ihre Eltern. Bei einer Familie wollen die Eltern, dass ihr katholisch getauftes Kind am KU 3-Unterricht – dem soeben erwähnten Konfirmandenunterricht im Kindesalter – teilnimmt. Das Kind will aber zur Kommunion gehen. In dieser Familie sind die beiden älteren Kinder katholisch, das jüngste Kind hingegen ist evangelisch. Die beiden katholischen Kinder gingen bzw. gehen gerade zur Erstkommunion. Die Eltern halten den KU 3-Unterricht der evangelischen Gemeinde vor Ort für sehr interessant – zum einen aufgrund der Konzeption an sich, dass ein Teil des Konfirmandenunterrichts von der achten Klasse bereits in die dritte Klasse vorverlegt wird und damit parallel zur Erstkommunionsvorbereitung verläuft, zum anderen weil die Kinder regelmäßig die evangelische Kinderkirche besuchen und die Familie zu dem evangelischen Pfarrer, der den KU3-Unterricht betreut, ein gutes Verhältnis hat. Daher haben die Eltern dem zweiten katholischen Kind nahe gelegt, an KU 3 teilzunehmen. Das Kind hat sich allerdings dagegen entschieden und will „noch zur Kommunion gehen". Als Grund nimmt die Mutter an: „Da weiß er wahrscheinlich einfach, was ihn erwartet und das mit [KU 3], da weiß er nicht so genau, was ihn erwartet und ob das dem dann, ob das ebenbürtig ist." Aus Sicht des katholischen Vaters wäre KU 3 die bessere Begleitung für sein Kind, „weil's eben neu ist". Dennoch hat der Vater im Kontext der Erstkommunion bei der Vorbereitung der ältesten Tochter eine Tischgruppe übernommen und will das nun auch beim zweiten Kind, welches ebenfalls zur Erstkommunion gehen möchte, tun. Die Erstkommunionsvorbereitung des ersten Kindes war für die Familie allerdings der einzige nähere Kontakt zur katholischen Gemeinde: „Und danach sind wir dann wieder, ja, fern geblieben, weil das einfach ja, nicht so gut ist wie in der evangelischen." Der Vater beschreibt die katholische Ortsgemeinde als eine sterbende Gemeinde: „Die sterben doch da, aber ich muss da nicht mit dabei sein." Bei diesem Elternpaar entscheidet ihr Gefühl der Zugehörigkeit zur Gemeinde vor Ort über die Konfession der Kinder. Die religiöse Erziehung der Kinder ist den Eltern wichtig, und sie sind bereit, sich für das religiöse Aufwachsen ihrer Kinder zu engagieren, auch wenn sich die Kinder nicht gemäß ihren Vorstellungen oder Wünschen entscheiden – so wie das zweite Kind anders will als die Eltern und zur Erstkommunion statt zur Vorbereitung „KU 3" auf dem Weg zur Konfirmation geht.

Ein anderes Beispiel betrifft ein deutlich konfessionelles Bewusstsein des Kindes, das sich mit dem Schulbeginn – entgegen der bisherigen religiösen Praxis der Familie – ausprägt. In dieser Familie sind die Kinder aus der ersten Ehe des Vaters evangelisch, die der Mutter katholisch getauft. Das einzige gemeinsame Kind wird katholisch getauft. Diese jüngste Tochter war sich ihrer Konfession ab der Einschulung bewusst. Die Eltern berichten: „In der Schule hat sie dann kapiert, dass sie katholisch ist... von da an war für sie die evangelische Kirche kein Thema mehr. Dann wollte sie eigentlich nur noch in die katholische Kirche." Dieses Kind setzt sich am Ende durch und entscheidet sich selbst für die Zugehörigkeit zu seiner Konfession. Während der Vater durch sein Engagement als Kirchengemeinderat sonst eher den Kontakt zu seiner evangelischen Gemeinde pflegte, ist es ihm ein Anliegen gewesen, seine Kinder in der Zeit der Kommunion in die Kirche zu begleiten und gemeinsam mit ihnen den katholischen Gottesdienst zu besuchen, weil er selbst es als negativ erfahren hat, von den Eltern „alleine geschickt zu werden". Im Übrigen unterstützt die katholische Mutter ihre Tochter in ihrer Entscheidung für die katholische Gemeinde, indem sie regelmäßig gemeinsam mit ihr zum Gottesdienst geht und sich in der Firmvorbereitung ihrer Tochter engagiert.

In einer Familie mit einem evangelisch getauften und einem nicht getauften Kind berichten die Eltern, dass sie überlegen, die Taufe des zweiten Kindes, das „halt evangelisch ungetauft oder sowas" ist, zu organisieren. In dieser Familie scheinen beide Kinder dem Aufwachsen im Glauben – zumindest der Bedeutung von Taufe und Konfirmation – einen anderen Stellenwert zuzusprechen als ihre Eltern. Das zweite Kind äußerte den Wunsch, getauft zu werden. Dies scheint jedoch von beiden Seiten – der Eltern wie auch des elfjährigen Kindes – nicht so zielstrebig verfolgt worden zu sein, dass die Taufe tatsächlich stattgefunden hätte. Unklar bleibt letztlich auch, welche Motive das Kind dafür hatte, sich taufen lassen zu wollen. Die Eltern vermuten den Reiz der Geschenke und der Möglichkeit, Freunde zur Tauffeier einladen zu können, und vor allem den „Eintritt in die Normalität" – „Die anderen sind ja alle getauft. Ich glaub, fast alle." Das erste Kind ist nicht konfirmiert worden, obwohl es konfirmiert werden wollte. – Die Eltern haben dem Jugendlichen wohl wegen Zeitmangels aufgrund seiner Hobbys und Schulprobleme die Konfirmation verweigert. „Gut, Konfirmation haben wir z. B. beim Thomas nicht gemacht... aber auch einfach deswegen, weil das eine lästige Geschichte ist, mit zwei mal in der Woche usw. – Wir haben gesagt: Aufgrund der vielen Termine, der Musik, des Fußballes können wir dich nicht auch noch jedesmal dort hinfahren. – In dieser Zeit hatte er so auch in der Schule zu kämpfen gehabt, glaub ich, dass wir auch gedacht haben, noch mal Termine mehr, das geht irgendwie gar nicht." Den Eltern war der mit dem Konfirmandenunterricht verbundene Aufwand zu groß, weswegen sie ihm die Konfirmation nicht zugestanden haben. Sie berichten, ihr Sohn habe ihre Entscheidung akzeptiert, sei aber doch ein bisschen unglücklich damit gewesen: „Und der hat das dann irgendwie akzeptiert, aber so ein bisschen unglücklich war er dabei, glaub ich". Auch vermuten die Eltern, dass er nur aus Konformitätsgründen hätte zur Konfirmation gehen wollen, weil er mit dem Sohn des Pfarrers befreundet ist. Die Eltern boten ihm an, anstelle der Konfirmation ein Fest zu feiern, bei dem er auch Geschenke erhalten würde – dieses Angebot lehnte das Kind allerdings ab. Das Thema ist damit für die Eltern „ad acta" gelegt.

Es scheint, als würden die Eltern in beiden Situationen – sowohl hinsichtlich der Taufe des jüngeren als auch hinsichtlich der Konfirmation des älteren Kindes – ihre eher gleichgültige Sichtweise dieser Feste auch als die Ansicht ihrer Kinder annehmen. Diese äußern zwar zunächst ihre Wünsche, beugen sich dann aber der Entscheidung der Eltern.

Insgesamt zeichnet sich in der Phase der Erstkommunion und der Konfirmation die Herausforderung zu Entscheidungen ab, die zum Teil konfliktbehaftet und auf jeden Fall eher schwierig sind. Mit diesen Herausforderungen, die auch durch Fragen und Interessen der Kinder entstehen können, gilt es behutsam und mit Blick auf die Kinder umzugehen.

„Nirgendwo richtig daheim" – Wiederkehrende Schwierigkeiten

Außer den Herausforderungen, die im Lauf des Lebens bewältigt werden müssen, sind uns bei den von uns befragten Familien immer wieder Schwierigkeiten begegnet, die sich prinzipiell, d.h. unabhängig von bestimmten Situationen stellen – manche dauerhaft, andere zumindest immer wieder. Zu diesen Schwierigkeiten gehören die Frage des Zugehörigkeitsgefühls und der Beheimatung in einer Kirchengemeinde, das Zeitmanagement und die Teilnahme am Abendmahl oder an der Eucharistie.

Das Zeitmanagement und die Frage, inwieweit wer wo an Abendmahl oder Eucharistie teilnimmt, sind Schwierigkeiten, die primär die Eltern betreffen. Bei den Familien, die schildern, dass sie gelegentlich zeitliche Probleme dabei haben, ihren kirchlichen Interessen nachzugehen, hat je ein Elternteil ein kirchliches Amt – Organist, Kirchengemeinderat, Kinderkirchmitarbeiter – insofern handelt es sich um spezielle Situationen. Die Schwierigkeiten, den sonntäglichen Gottesdienstbesuch zu organisieren, die bis zu der Frage gehen, wer das Auto bekommt, sind in diesen Fällen durch die jeweiligen Ämter bedingt. In zwei Familien gründen sie aber letztlich nicht nur in den Ämtern, sondern auch darin, dass der Rest der Familie primär der Kirchengemeinde der anderen Konfession zugehört – anders als der Elternteil, der das Amt innehat. Insofern handelt es sich beim Zeitmanagement um eine Schwierigkeit, die konfessionsverbindende Familien in besonderer Weise betrifft. Eine Familie hat sich nach einiger Zeit entschieden, dass der betreffende Elternteil sein Amt niederlegt, um die Zerrissenheit zu reduzieren.

Dass ihnen vonseiten der katholischen Kirche die Möglichkeit verwehrt wird, gemeinsam an der Eucharistie teilzunehmen, belastet einige Elternpaare deutlich. Das Verbot stellt für das Paar bzw. für die Familie ein trennendes Element dar. Eine Mutter schildert, wie es auch andere empfinden: „Das einzige, was mir fehlt ist einfach... ja, ist dieses trennende Abendmahl." Ein evangelischer Elternteil wurde tadelnd auf seinen Kommunionempfang in der katholischen Kirche angesprochen. Enttäuscht hat er sich daraufhin insgesamt von der katholischen Ortskirche distanziert. Der offiziell nicht erlaubte gemeinsame Abendmahlsempfang kann also für konfessionsverbindende Paare eine Schwierigkeit darstellen, die ihr religiöses Leben dauerhaft prägt und eine bleibende Einschränkung für sie bedeutet. Jedoch berichten die Eltern auch von anderen Situationen. Bisweilen geht in anderen Gemeinden der evangelische Elternteil ohne weitere Diskussion im katholischen Gottesdienst zur Kommunion.

Die Frage der Beheimatung und Zugehörigkeit betrifft sowohl die Eltern als auch die Kinder. Sie kann sich auf verschiedene Weise äußern. Zum einen besteht die Schwierigkeit, sich einfach nicht hundertprozentig zugehörig zu fühlen, „nirgendwo richtig daheim" zu sein: „Man gehört bei beiden dazu, aber halt nicht irgendwo richtig... Nicht 100%ig." Dieses Problem kann für einen Familienteil zutreffen oder aber für die Familie als ganze, wenn diese verschiedene Gemeinden besucht.

Eine eindeutige, gemeinsame Schwerpunktsetzung der Familie, die einerseits verwurzelnd und entlastend wirkt, kann es andererseits mit sich bringen, dass es für den Elternteil mit der anderen konfessionellen Zugehörigkeit schwierig wird, den Kontakt zu seiner eigenen Gemeinde zu halten. Hier entsteht ein Dilemma zwischen familiärer und individueller Beheimatung.

Weiterhin haben zwei Elternpaare beobachtet, dass ihre Kinder durch den Besuch der evangelischen und katholischen Gemeinde durcheinander kommen. Die eine Familie will trotzdem zweigleisig weiterfahren, da sie es als Bereicherung empfindet. Die andere hat entschieden, ihr Engagement – zumindest für die Zeit der Kommunion ihrer Kinder – auf die katholische Gemeinde zu begrenzen.

Die Frage der Zugehörigkeit kann sich auch bereits innerhalb der Familie selbst stellen. Eine evangelische Mutter hat im Rahmen der Kommunionsvorbereitung festgestellt, dass „da schon Unterschiede da sind". Erst in dieser Zeit wurde ihr wirklich bewusst, dass ihre Kinder einer anderen Konfession zugehören als sie selbst. Sie scheint dies als trennendes Element zwischen sich und den Kindern zu empfinden.

Ein Phänomen, das in diesem Abschnitt zumindest noch erwähnt werden soll, ist das Engagement von Tischeltern der jeweils anderen Konfession in der Kommunionsvorbereitung bzw. beim KU 3-Unterricht. Die von uns befragten Eltern sind darüber verschiedener Ansicht. Manche finden es gut, andere sehen eher Probleme. Für die Kirchen stellt es eine Schwierigkeit dar, mit der offen umgegangen werden muss, da es sich offenbar nicht um gleichsam vernachlässigbare Einzelfälle handelt.

Zusammenfassend ist zu den beschriebenen Herausforderungen und Schwierigkeiten anzumerken, dass sie in erster Linie Familien mit einem gewissen Grad an Kirchenbindung betreffen. Ist die kirchliche Bindung sehr lose oder nicht vorhanden, wird die Konfessionszugehörigkeit kaum zum Problem, da sie von nichts ausschließt, was man gerne wollte. Auch treten die Probleme stärker auf, wenn Familien Kontakt sowohl zur evangelischen als auch zur katholischen Kirche

pflegen und die Kinder so beides kennen lernen. Ähnliche Schwierigkeiten treten auf, wenn Familien Kontakt zu der Gemeinde derjeni-
gen Konfession pflegen, die nicht die der Kinder ist.

Der Tatsache, dass die Taufe eine konfessionelle Bindung bedeutet,
messen Eltern zum Zeitpunkt der Taufentscheidung oft keine Bedeutung zu. Dass es sich aber doch so verhält, macht sich meist erst ab
dem Kommunionsalter bemerkbar.

Konflikte – nur wegen Gott? Zwischen religiöser Harmonie und fehlender Akzeptanz

Ging es im vorangehenden Abschnitt um problematische Situationen, die auf die Familien mehr oder weniger von außen zukommen, so soll es nun um innerfamiliäre Konflikte und mögliche Streit-
punkte gehen. Eine markante Gemeinsamkeit zwischen fast allen
Interviewgesprächen besteht darin, dass die Eltern nicht von Konflikten berichten, die aufgrund der unterschiedlichen Konfessionszugehörigkeit zwischen ihnen aufgebrochen wären. Ja, mehr noch: Sie
sprechen auch nicht davon, dass sie sich darum bemühen würden,
solche Konflikte zu vermeiden, etwa indem sie sich von entsprechenden Reizthemen oder von potentiell Streit auslösenden Fragen und Situationen mehr oder weniger bewusst und gezielt fernhalten. Darin
unterscheiden sich die von uns befragten evangelisch-katholischen
Elternpaare offenbar sowohl von Eltern, bei denen der eine Partner
einer Kirche zugehört, der andere aber nicht und also konfessionslos
ist, als auch von solchen Eltern, die verschiedenen Religionen angehören, also etwa dem Christentum und dem Islam.

Die wenigen Untersuchungen, die bislang zu solchen christlich-konfessionslosen oder religionsverbindenden Elternpaaren sowie zur religiösen Erziehung der Kinder in solchen Familien vorliegen (Liebold
2005; Froese 2005), verweisen auf eine spezielle Form der Konflikt-
vermeidung: Weil es den Eltern bewusst ist, dass sie sich in religiösen Fragen nicht einigen können, lassen sie sich in dieser Hinsicht
gerne „in Ruhe". An hohen Feiertagen gehen Mutter und Vater jeweils eigene Wege oder feiern nur innerlich, jeweils für sich alleine.
Vielfach scheinen die trennenden Themen die Eltern zu überfor-
dern, weil sie sich den damit verbundenen religiösen oder theologischen Fragen argumentativ nicht gewachsen fühlen. Ihnen fehlt da-

für schon die richtige Sprache. Für die Kinder entsteht dadurch eine Art religiöses Vakuum, weil sie von ihren Eltern nur wenig Anregungen oder gar Erklärungen in dieser Hinsicht erhalten.

Gibt es bei katholisch-evangelischen Eltern also keinerlei vergleichbare Schwierigkeiten? Kann davon ausgegangen werden, dass in diesem Falle die religiöse Familienerziehung funktioniert?

Für die genauere Beantwortung dieser Fragen ist es hilfreich, sich zunächst zwei weitere Beobachtungen vor Augen zu führen.

Probleme machen immer die anderen

Während die Eltern in aller Regel von keinen Konflikten in ihrer Beziehung zu einander oder im Verhältnis zu ihren Kindern berichten, die sich auf konfessionsbezogene Fragen zurückführen lassen, gilt die Konfliktfreiheit offenbar nicht gleichermaßen für alle Bereiche des Lebens. Menschen außerhalb der Kernfamilie können den Eltern schon zu schaffen machen.

So lässt sich sagen: Wo von Konflikten die Rede ist, sind sie – jedenfalls aus Sicht der Eltern – extern verursacht, und dafür gibt es in der Erfahrung der Eltern verschiedene Möglichkeiten. Berichtet wird von

– „engstirnigen" Pfarrern, die keine ökumenische Hochzeit wollen, weil die Kinder am Ende doch immer katholisch erzogen würden, oder die sich strikt an die Vorschrift halten, dass Paten eine bestimmte Konfessionszugehörigkeit besitzen müssen;

– von Gemeindegliedern oder Geistlichen, die eine Beteiligung „Anderskonfessioneller" an der Eucharistie kritisieren und dem entsprechenden Elternteil deutlich machen, dass er oder sie im Gottesdienst nicht erwünscht ist;

– vom örtlichen Umfeld, das mehrheitlich der anderen Konfession angehört und das die Kinder zu Außenseitern im Dorf werden lässt;

– von einer Verwandtschaft, die sich über die evangelische oder katholische Hochzeit oder Taufe verstimmt bis entsetzt zeigt („Oh Gott, der wird ein Heide!"), vielleicht sogar zur weiteren Suche nach einem geeigneteren Ehepartner rät („es gibt doch so viele katholische Mädchen...") oder den entschiedenen Willen der Großeltern beschwört („Opa würde sich im Grab rumdrehen...").

Solche Beispiele belegen, dass der Umgang zwischen den Konfessionen so ganz konfliktfrei nicht sein kann. Auch ein positiv berichtetes

Beispiel zeigt, dass die evangelisch-katholische Konstellation für Konflikte anfällig ist. „Ich bekomme zum Beispiel auch die Hostie auch da, als es vor ein paar Jahren hieß, dass ein gemeinsames Abendmahl mit den Evangelischen nicht möglich wäre. Da hat [der Pfarrer] bewusst dazu aufgerufen, dass alle kommen dürfen. So etwas macht so ein konfessionelles Mischmasch-Leben – sagen wir es mal so – erst überhaupt möglich. Ansonsten würde es wahrscheinlich Konflikte geben." Die Mutter stimmt sofort zu: „Dann würde es wahrscheinlich auch mehr Konflikte geben."

Scheuen sich die Eltern in den Gesprächen, ähnlich schwierige Fragen auch im Blick auf sich selber in einem Interviewgespräch anzusprechen? Das ist gewiss nicht von vornherein auszuschließen. Vielleicht liegt eine andere Deutung aber noch näher: Ungelöste, ja, unlösbare Konflikte passen schlecht zum heutigen Bild einer rein auf persönlicher Zuneigung und Liebe beruhenden Paarbeziehung („Liebe als Passion", vgl. Luhmann 1994). So gesehen ist es interessant, wie die Eltern mit konfessionellen Differenzen umgehen:

Wie die Eltern mit konfessionellen Differenzen umgehen

Entscheidungen, die sich auf die konfessionelle Zugehörigkeit beziehen, werden von den Eltern in aller Regel aus anderen als konfessionellen Beweggründen getroffen. Der evangelische Kindergarten liegt eben in der Nähe; man kennt den katholischen Pfarrer schon lange persönlich und heiratet deshalb katholisch; man schließt sich der Gemeinde an, die sich freundlicher darstellt, den Kindern mehr bietet usw. Die Entscheidungen sind pragmatisch oder personell bedingt. Prinzipielle, also inhaltliche oder theologische Fragen bleiben ganz im Hintergrund. „Es war jetzt keine besonders religiös getriebene Entscheidung, sondern halt von dem, was praktisch ist". Durch diese Herangehensweise werden Konflikte vermieden. Dabei lassen sich unterschiedliche Muster erkennen:

Generelle Betonung der Gemeinsamkeiten: Konflikte in der Familie werden in den Gesprächen ganz allgemein nur wenig thematisiert. Das Ideal scheint eine Harmonie zu sein, die auf Gemeinsamkeiten setzt und die die Unterschiede zurücktreten lässt. Dass sich – einem alten Sprichwort zufolge – gerade Unterschiede anziehen können, scheint das elterlich-eheliche Bewusstsein weit weniger zu bestimmen. Dem entspricht es auch, dass die Unterschiede zwischen katholisch und evangelisch in den meisten Fällen als sehr gering veranschlagt werden. Zugespitzt: Sie werden tendenziell heruntergespielt: „Wie gesagt, für mich sind die Unterschiede jetzt eigentlich relativ. Im Grundsätzlichen sind sie ja gleich, ob evangelisch oder katholisch. Wir glauben an das Gleiche im Prinzip. Und die Unterschiede sind jetzt nicht für mich so gravierend, dass sie ein Streitthema dargestellt hätten."

Manchmal klingt das nach Gleichgültigkeit: „Das ist ja ziemlich wurst. Die machen ja ziemlich Ähnliches."

Oder die Unterschiede werden wiederum nur außerhalb der Familie gesehen, während sie innerhalb der Familie selbst keine Rolle spielen: „Bei uns in der Familie gibt es dieses Trennende, was so in den Kirchen da ist, eigentlich nicht. Außer mir versteht das sowieso keiner so richtig, wo die Unterschiede sind. Und ich weiß es eigentlich nur deshalb, weil ich mich intensiv damit beschäftigt habe...".

Vermutlich kann auch eine andere Wendung in diesen Zusammenhang eingeordnet werden, auch wenn sie auf den ersten Blick stärker die Unterschiede hervorhebt. Gemeint ist die in den Gesprächen häufig anzutreffende Sicht, dass die unterschiedlichen konfessionellen Traditionen als „Bereicherung" anzusehen seien. Auch damit ist gleichsam von vornherein ausgeschlossen, dass Unterschiede zu Spannungen oder Differenzen zu Konflikten führen können.

Gemeinsame Distanz zur katholischen Kirche: Bei manchen Elternpaaren ist es die Kritik an der eigenen Konfession, vor allem an der katholischen Kirche, die zu einer Distanzierung führt, welche die Gemeinsamkeit leicht macht: „Da gibt es keine echten Konflikte, weil man sich von der Institution emanzipiert hat, würde ich mal sagen."

Ein katholischer Vater zur Taufe des Kindes: „Nee, also wenn sie auch gefragt hat, warum sie jetzt evangelisch ist, da hab ich ihr auch gesagt, meine Erfahrung mit der katholischen Kirche und dass das eigentlich in meinen Augen doch ein bisschen zu steif ist und dass eine evangelische Kirche eigentlich doch mehr so familienfreundlich in Anführungszeichen ist."

In solchen Fällen wird dann immer wieder darauf verwiesen, dass die „lockerere" Form des Evangelischen eben näher liege. Das Katholische sei zu „streng" und zu „weltfremd".

Werte als gemeinsame Basis: Was bedeutet dieser Umgang mit Unterschieden, der so stark auf das Gemeinsame setzt, im Blick auf die Er-

ziehung der Kinder? Auch wenn es die Eltern selbst nicht ausdrücklich so formulieren, lässt sich doch eine Tendenz beobachten, bei der
die Werteerziehung an die Stelle der religiösen Erziehung tritt. Bei
den Werten kann man sich offenbar einig sein, auch wenn es an religiöser oder konfessioneller Übereinstimmung fehlt. Werte scheinen
sich vielen als gemeinsame Basis anzubieten: „Die Grundwerte sind
identisch. Es kann sich also nur um Nuancen in der Verwaltung, Kir-
chenaufbau, Papsttum oder so was gehen. Okay, Marienverehrung
gibt es in der evangelischen Kirche nicht. Aber ansonsten würde ich
meine Kinder anders erziehen, wenn sie evangelisch getauft wären?
Gut, dass halt jetzt der Schwerpunkt in der katholischen Kirche ist –
bei mir mittlerweile auch."

Das ist im Übrigen kein Widerspruch zu unserer oben entwickelten These, dass Werte für die Eltern häufig religiös begründet sind.
Es zeigt aber erneut, dass die Sprache der Werte für eine ausdrücklich religiöse Kommunikation – für den Austausch über Glaubensfragen – allein nicht ausreicht.

Konfessionswechsel der Kinder als Option: Wichtig ist vielen Eltern
auch, dass sich die Kinder selber entscheiden können sollen – zumindest später. Dabei halten die Eltern auch eine Revision der von ihnen
etwa bei der Taufe getroffenen Entscheidung für die eine oder für die
andere Konfession für durchaus akzeptabel.
„Und wenn sie mit fünfzehn sagen: ‚Katholische Kirche... Ich werde
lieber evangelisch. Oder es interessiert mich überhaupt nicht mehr.'
Dann ist das ihre Entscheidung. Aber es macht Sinn, sie religiös aufwachsen zu lassen, ihnen zu zeigen, was kann Glaube bedeuten,
wenn man das im Alltag mit einbezieht. Und dann können sie sich
später dafür oder dagegen entscheiden oder die Konfession wechseln
oder weiß ich was. Aber es ist/ Es macht einfach mehr Sinn, auf jeden
Fall, in einer Schiene zu fahren."
Verbinden lässt sich diese Sicht auch gut mit einem liberalen Er-
ziehungsstil („vom Befehlen und Gehorchen zum Verhandeln", vgl.
Büchner 1985), demzufolge am Ende eben die Kinder selbst entscheiden sollen. Aufgabe der Eltern ist es dann bestenfalls – manchen Eltern ist das auch ausdrücklich sehr wichtig –, dafür zu sorgen, dass
die Kinder beide Konfessionen auch praktisch kennen lernen, damit
sie sich später in begründeter Weise entscheiden können.

Generelle Kirchendistanz: Bei alledem ist aber auch in diesem Zusammenhang nicht zu übergehen, dass manche Eltern mit konfessionellen Fragen deshalb keine Probleme haben, weil ihnen die Kirche insgesamt ziemlich egal ist. Damit habe man ohnehin nicht viel am Hut, weder mit dem Glauben noch mit dem Gottesdienst, den man gar nicht besucht.

„Also wie gesagt, wir sind eher passiv, gell? Wir sind da jetzt nicht, also wir haben da keine klare Vorstellungen auch von unserem katholischen oder evangelischen Glauben".

„Also gut in einer Zusammenfassung könnte man sagen, wir sind eher gelebte Christen als jetzt... im Alltagsleben gelebte Christen, als jetzt sagen zu können unbedingt konfessionsabhängig oder kirchenabhängig. Das sind wir eigentlich... Also konfessionsabhängig waren wir noch nie."

Aber nicht immer geht es so glatt

Bislang haben wir uns auf die übergreifenden Tendenzen konzentriert. Es gibt aber auch Ausnahmen, die auf ihre Weise durchaus aufschlussreich sind. Dazu gehören auch die bereits oben beschriebenen Situationen – etwa im Blick auf Entscheidungen im Verhältnis zu Kirche und Gemeinde. Manchmal sind es offenbar die Kinder, die mit ihren großen Fragen auch vor Konfessionsunterschieden nicht halt machen. Unsere Untersuchungen zum konfessionell-kooperativen (evangelisch-katholischen) Religionsunterricht in der Grundschule zeigen beispielsweise, dass Kinder in diesem Alter zum Teil daran leiden, dass nicht die ganze Familie gemeinsam zum Gottesdienst geht bzw. gehen kann (vgl. Schweitzer / Biesinger u. a. 2002).

Wie die folgende Äußerung deutlich macht, wollen hier die Eltern die konfessionellen Unterschiede flach halten, aber das Kind gibt sich damit nicht zufrieden: Während die Eltern im Familienalltag versuchen, Unterschiede zwischen katholisch und evangelisch nicht zu thematisieren und die Gleichheit aller Menschen vor Gott zu betonen, hat das Kind im Alter von etwa 5 Jahren ein reges Interesse an den beiden Konfessionen entwickelt, einhergehend mit intensivem Interesse an religiösen Fragen überhaupt: „sie ist wie Schwamm. Sie nimmt eben die religiösen Geschichten sehr stark auf und hinterfragt die und singt auch gerne religiöse Lieder". Zum Teil kam es dabei zu originellen Überlegungen: „Sie wollte mal wissen, warum, wie, ob Bienen evangelisch oder katholisch sind. Also wir haben über Bienen geredet, wie das mit dem Honig ist, und am Ende sagt sie dann: ‚Ja jetzt weiß ich das schon, aber ich weiß jetzt immer noch nicht, ob die Bienen evangelisch oder katholisch sind.'"

Dieses Kind bringt seine evangelische Konfessionszugehörigkeit in der Minderheitensituation auch mit seinem Linkshänder-Sein in Verbindung. Ein anderes Mal überlegt es, ob nur katholische Kinder Nasenbluten bekommen: „Und sie hat einmal auch, das Beispiel, Freunde von uns, die eben auch katholisch sind/ Und da waren wir im Schwimmbad und der Freund von uns hat Nasenbluten bekommen. Und sie hat ihn angeschaut und konnte es nicht fassen. Und sie hat mich daheim dann gefragt, ob ihm das weh getan hat, so starkes Nasenbluten, und warum er das denn… Und dann hab ich gesagt: ‚Das haben halt manche Menschen. Aber ich glaube, dass das nicht weh tut.' Da sagt sie: ‚Ja hast du noch nie Nasenbluten gehabt.' Da hab ich gesagt: ‚Nö, ich kann's dir nicht sagen, aber ich meine, die haben mir schon gesagt, es tut nicht weh. Und ich hatte das auch noch nie.' Und dann sagt sie: ‚Ja, hab ich's schon gehabt?' ‚Nö, du hast es auch noch nie gehabt.' Da hat sie eine Weile überlegt und gesagt: ‚Haben das nur die katholischen Menschen?'" Solche Äußerungen belegen, dass sich Kinder – auch mit Hilfe ihrer Phantasie – eigene Erklärungen dafür suchen, was „evangelisch" oder „katholisch" denn bedeutet.

Insgesamt hatte dieses Kind großes Interesse daran zu erfahren, wer evangelisch und wer katholisch ist. Bei seinem konfessionslosen (Paten-)Onkel kommt das Kind zu dem Schluss, dass er nicht „zu uns" gehören kann, da er „nichts" ist. Dabei erzählen die Eltern, dass sie ihr Kind nicht auf diese Überlegungen gebracht haben: „Wir haben ihr nicht gesagt: ‚Du bist eine von den wenigen.' Sie hat es irgendwann gemerkt, dass mehr um sie herum katholisch sind und dass sie einfach innerhalb einer Familie, dass sich das spaltet, dass eben ihre Cousins und ihre Cousine katholisch sind und ihr Papa, der bei uns lebt, auch."

Dem Vater ist es wichtig zu erzählen, dass sich das Kind in diesem Alter über alle möglichen Dinge viele Gedanken gemacht hat, nicht nur über religiöse Angelegenheiten, und dass das Fragen und Überlegen vor allem in Positiv-negativ-Begriffen inzwischen wieder nachgelassen hat. Für dieses Kind waren entsprechende Fragen offenbar zu einer ganz bestimmten Zeit besonders wichtig. Es ist nicht einfach davon auszugehen, dass sich alle Fragen zu jeder Zeit mit gleicher Intensität stellen.

Nicht nur Kinderfragen können dazu führen, dass sich auf die Konfessionszugehörigkeit bezogene Themen oder Zusammenhänge in den Vordergrund drängen. Zumindest manchmal gibt es offenbar doch Konflikte zwischen den Eltern selbst. In der folgenden Äußerung ist von „Vorbehalten" die Rede, die beide Ehepartner gegen die jeweils andere Konfession haben (Kontext ist die Taufe): „Ich glaube, es lag einfach daran, dass du mehr Vorbehalte gegen das Katholische hattest, als ich Vorbehalte gegen das Evangelische."
Als Parallele aus einem anderen Gespräch:

Vater: ...oder ja, irgendwelche festgefahrenen Themen, aber lange nicht so wie in der römisch-katholischen Kirche. Und nachdem wir dann gesagt haben: „Ja, Taufe", hab ich dann gesagt: „Aber nur evangelisch."
Interviewerin: Das war Ihre Bedingung?
Vater: Das war, ja, eine der Bedingungen (lacht).
Mutter: Ja, wir mussten uns ja einigen. Ich wollte, dass sie unbedingt getauft hat und er musste ja auch erst mal einlenken.

Ähnlich klingt es auch in einem anderen Beispiel an. Hier stellt die Mutter ihre Vorbehalte gegen eine evangelische Taufe zurück, weil sie ihr Ziel auf anderen Wegen gesichert sieht. Sie insistiert nicht auf der eigentlich von ihr gewünschten katholischen Taufe, weil sie denkt, die Kinder würden aufgrund des Umfeldes ohnehin katholisch aufwachsen.
Interessant ist bei der folgenden Äußerung, wie das Wort „Konflikt" zurückgenommen, also bewusst vermieden wird:

Die Interviewerin fragt: „Würden Sie anderen Eltern was raten in Ihrer Situation? Anderen katholisch-evangelischen Elternpaaren hinsichtlich ihrer Kindererziehung?" Die Mutter antwortet: „Ich denke, es ist immer, ein, ein – also Konflikt ist falsch, wie sagt man jetzt da? Es sind immer verschiedene Sachen, die man versuchen muss, irgendwie überlappend hinzukriegen, und es wird mehr oder weniger gelingen. Und wenn einer sich rausnimmt, und der andere übernimmt den Part, dann ist es eindeutig – also in dem Moment, wenn du mit ihnen zur evangelischen Gemeinde gehst und morgens Kindergottesdienst ist, dann halte ich mich schon raus."

Einen deutlichen Beleg für Konflikte zeigt schließlich folgende Aussage der Mutter, bei der Sachfragen mit persönlichen Umgangsformen und Konflikten verschmelzen:

„Aber die Meyers sind beide evangelisch. Also, für mich ist es eher schlechter oder, also ich empfinde es als nicht fair, wenn, wenn – und das empfinde ich bei dir manchmal – du mir Sachen ankreidest, wo die katholische, also katholische Kirche macht und abverlangt und praktiziert, kann ich doch nichts dafür, und da muss und des kann ich ganz schlecht mit umgehen."

Bemerkenswerterweise sind beide Elternteile in dieser Familie am kirchlichen Leben interessiert. Zu Konflikten und Schwierigkeiten kommt es gerade deshalb, weil beide für das kirchliche Leben offen sind und sich in der religiösen Erziehung engagieren wollen.

So kritisiert der Vater die Eucharistie als ihm fremd (ihm fehle z. B. der Kelch). Nicht bekannt sind ihm die Vorschriften, die eine Teilnahme Evangelischer nicht zulassen: „Das habe ich mir noch nie überlegt, dass da einer was dagegen haben könnt, dass ich das nicht darf."

Für die Mutter bleibt trotz aller Versuche, ein positives Verhältnis zur evangelischen Kirche zu gewinnen, eine dauerhafte Defiziterfahrung bestimmend: „...aber so richtig, also, wenn da Gottesdienste sind, dann, ja, aber fehlt einfach, einfach so vom Ablauf, von der Liturgie her fehlt für mich was. Und ich kann mich da nicht einfach zugehörig fühlen, ja und, und bei den Katholischen sind wir auch nicht so richtig zuhause..., und ich find's schade eigentlich. Also ich würde gern zu einer Gemeinde richtig dazugehören." Für diese Mutter stellt sich die Realität, dass ihre Kinder in der anderen Konfession getauft sind und aufwachsen, schwieriger dar, als sie es vor der Taufe erwartet hatte. Die gegenseitig ablehnende Haltung bietet dauerhaft Konfliktstoff.

Zuletzt sei noch ein innerer Konflikt genannt, von dem eine katholische Mutter berichtet. Er entzündet sich an äußeren Faktoren (Gemeindekontakt), hat aber doch innere Konsequenzen.

Die Familie ist gemeinsam gut in der evangelischen Gemeinde beheimatet. Damit ist die Mutter völlig zufrieden. Aber dass sie selbst nicht wirklich – also eigenständig als Person – in der evangelischen Gemeinde beheimatet ist, sondern eben doch eher in der katholischen, führt die Mutter bisweilen in innere Konflikte.

„Mhm... manchmal grad so mit dem Gemeindeleben. Da bin ich so ein bisschen verrissen. Dann denk ich, wenn/Auch wenn grad so Angebote/ irgendwelche Gruppen sind, jetzt so von der evangelischen Kirche, dann fühl ich mich manchmal auch ein bisschen fehl am Platz, wenn ich dann allein hingehen würde. Also Familiengottesdienste oder Familienaktionen, das ist völlig klar, dass wir das gemeinsam machen, aber... mich jetzt mehr in der evangelischen Kirche oder Gemeinde zu engagieren, da... das find ich, beißt sich dann immer, oder da bin ich mir dann auch schrecklich unsicher. Inwieweit ich das dann auch machen kann, oder machen soll. Wobei ich auch sowieso nicht mich so furchtbar viel engagiere, aber da ist immer so ein bisschen ne Hemmschwelle, wenn es um mich alleine geht. Und da fühl ich mich auch immer so ein bisschen verrissen. Wie gesagt, ich mach so ein paar Sachen in der katholischen Gemeinde, und kenn da ein paar Leute, und denk manchmal, es wär schön, sich auf eine Gemeinde zu beschränken. Aber da fühl ich mich dann auch nicht heimisch genug, oder nicht passend. Oder... weiß nicht."

Insgesamt belegen unsere Interviews, dass es zwar durchaus Konflikte sowie dauerhafte Enttäuschungen in konfessionsverbindenden Familien gibt oder jedenfalls geben kann, dass aber doch eine positive Atmosphäre bestimmend bleibt, in der man vieles besprechen und manches auch klären kann. Insofern kann – etwa im Vergleich zu den erwähnten Befunden zu christlich-konfessionslosen und christlich-muslimischen Familien – von einer deutlich besseren, für die Beteiligten leichter zu meisternden Situation gesprochen werden. Die Sprachlosigkeit ist bei konfessionsverbindenden Familien nicht so hoch, und sie scheinen sich auch vielfach zuzutrauen, mit Konflikten offen umzugehen. Allerdings kann die beobachtete Tendenz, die Unterschiede zwischen den Konfessionen herunterzuspielen, auch Fragen aufwerfen, nicht zuletzt im Blick auf die religiöse Erziehung der Kinder. Denn wie sollen Kinder das Verhältnis zwischen der katholischen und der evangelischen Kirche, einschließlich der bis heute nicht gelösten Fragen und Probleme zwischen diesen Kirchen, verstehen, wenn sie in der Familie nur von Gemeinsamkeiten erfahren?

Religiöse Erziehung außerhalb der Familie: Kindergarten, Schule und Gemeinde

Ganz unabhängig davon, wie Kindergarten, Schule und Gemeinde ihre Aufgaben wahrnehmen, bei der religiösen Entwicklung von Kindern spielen sie immer eine Rolle. Während manche Eltern nur gleichsam nebenbei und fast unbewusst über Kindergarten oder Schule mit Kirche und Gemeindeleben in Kontakt kommen, delegieren andere die Aufgabe der religiösen Erziehung mehr oder weniger gezielt an konfessionelle Kindergärten oder Schulen mit religiöser Prägung. Wieder andere bereiten ihre Kinder sorgfältig auf religiöse Feste, Themen und Ereignisse vor, die außerhalb der Familie erlebt werden, oder besprechen solche Anlässe und die damit verbundenen Erfahrungen zumindest im Nachhinein. Die verschiedenartigen Einstellungen und Erwartungen der Eltern an Kindergarten, Schule und Gemeinde sind meist auch mit ausschlaggebend dafür, in welchem Maße sich der Einfluss dieser Institutionen auf die (religiöse) Erziehung auswirkt. Kindergarten, Religionsunterricht, Gottesdienste und andere Gemeindeveranstaltungen sind meist nach Konfessionen getrennt und zwingen daher zu einer Entscheidung für eine Konfession und lassen so die Entscheidung der Taufe konkret werden.

Im Folgenden fragen wir, wie die Eltern mit der religiösen Erziehung außerhalb der Familie umgehen, sowohl im Blick auf ihre Erwartungen als auch im Blick auf ihre Erfahrungen.

Kindergarten

Während eigentlich schon bei der Taufe über die Konfession des Kindes entschieden wird, beginnt oft erst mit dem Kindergartenbesuch des ersten Kindes ein intensiverer Kontakt zu einer oder auch mehreren Kirchengemeinden: „Durch die Kinder nehmen wir am katholischen wie am evangelischen Gemeindeleben wechselweise deutlich mehr teil, als wie wir's früher zu zweit gemacht haben." Viele Kindergärten in Deutschland werden von den Kirchen unterhalten, und auch in nicht-kirchlichen Einrichtungen spielt religiöse Bildung zum Teil, auch gemäß der Bildungspläne für den Elementarbereich, eine wichtige Rolle.

Der Besuch zweier Gemeinden kann dabei als Bereicherung wahrgenommen werden, so empfindet es z. B. eine katholische Mutter, deren katholische Kinder in einen evangelischen Kindergarten gehen und in deren Familie deshalb beide Kirchen und deren Bräuche gleichermaßen eine Rolle spielen. Teilweise wird jedoch schon der Kindergartenbesuch als Beginn der Trennung zwischen evangelisch und katholisch wahrgenommen, was bei den Eltern häufig auf Unverständnis stößt: „Ich finde, ich finde es absurd, man kann doch die Kinder zusammenschmeißen? Diese Trennung ist doch/Ich find's idiotisch. Genauso vom Kindergarten bis hin zur Schule bis hin zur Heirat, das ist doch vollkommen wurst."

In den Interviews ist ausschließlich die Rede von Kindergärten, die entsprechend am Gemeindeleben beteiligt sind und in denen eine religiöse Grundlage gelegt wird. Nicht nur das Kind, sondern auch die Eltern, die etwa an Kirchenfesten zu Vorführungen der Kinder in den Gottesdienst gehen, stehen unter einem religiösen Einfluss von außen. Während manche Eltern ganz bewusst einen bestimmten konfessionellen Kindergarten und eine Schule auswählen, lassen andere sich von den örtlichen Gegebenheiten leiten. Entsprechend verschieden wird auch die Beteiligung der Institution an der religiösen Erziehung bewertet und die eigene Aktivität zurückgenommen oder intensiviert.

Eine katholische Mutter sucht für ihr evangelisches Kind gezielt einen katholischen Kindergarten, obwohl sie es zunächst seiner Konfession gemäß in eine evangelische Einrichtung schicken wollte. Vom katholischen Kindergarten erhofft sie sich mehr „wirkliche Glaubenserziehung": „Ich finde das wichtig, dass auf die Feste vorbereitet wird und so allgemein biblische Erzählungen den Kindern rübergebracht werden." Dabei sind ihr selbst die Unterschiede zwischen evangelisch und katholisch nicht bewusst. Für Gebete, die das Kind von dort mit nach Hause bringt, ist die Mutter offen und will sie aufgreifen.

Eine weitere Mutter stellt fest, dass im katholischen Kindergarten großer Wert auf religiöse Erziehung und die Vermittlung der christlichen Tradition und biblischer Geschichten gelegt wird. Sie schildert die Wirkung des intensiven Geschichtenerzählens auf ihr Kind: „Und da kam sie nach Hause und sagte: ‚Stellt euch vor, was die mir erzählt haben!! Den Jesus hat man hier durchgenagelt!! Da durch und ans Kreuz!! Und die Feinde haben ihn verraten!!' Die war völlig/Man hätte das Kind sehen sollen, solche Augen und hat erzählt und das hat sie, ich glaub, die hat das fünf verschiedenen Leuten erzählt, dass alle, denen sie's erzählt hatte, die sind dagesessen mit offenem Mund und konnten es nicht fassen." „So hat sie das beschäftigt." Bei diesem Elternpaar verweist der Vater bei der Frage nach den eigenen religiösen Erziehungszielen sofort auf den Kindergarten, auf die Pfarrer und sonstigen Personen in der Kirche, von denen das Gelingen der religiösen Erziehung abhängig sei. Die Mutter spricht hingegen von den eigenen Erziehungszielen. Ihr ist wichtig, dass Impulse aus Kindergarten, Schule und Gottesdiensten in vertiefender, bestätigender, aber auch korrigierender Weise aufgenommen werden. Bei religiösen Fragen, die im Familienkreis auftauchen, wird auch mal in der Bibel nachgeschlagen, gelegentlich wird auch im Kindergarten um Rat gefragt:

„Also, also manche Sachen saugen die richtig auf, wie ein Schwamm und die Große ist manchmal so, dass sie da auch sehr nachhakt und immer wieder fragt und das ist bei uns oft auch Thema, die Geschichten von Jesus. Und da war es manchmal schon so, dass sie so gefragt hat, dass ich nicht mehr weiter wusste, und dann hat sie da irgendwann gesagt: ‚Weißt du, ich frag einfach im Kindergarten nach. Die wissen Bescheid.‘ (lacht) Das haben wir dann auch so stehen lassen und haben gesagt: ‚Genau, frag da mal nach.‘ ... Ein Beispiel war eben mal, dass sie mitbekommen hat, ja, also einfach die Verknüpfung auch mit der Realität. Sie hat gesagt: ‚Warum lässt Gott zu, dass Menschen, Menschen töten oder dass schlimme Dinge passieren auf der Welt?‘ Und die Antwort von der Erzieherin war, glaub ich, damals, dass es auch böse Menschen geben muss – was war die Antwort? (seufzt) – damit es wieder andere Menschen gibt, die denen zeigen, wie sie gut werden können oder so, dass es aufgezeigt wird, irgendwie so. Also jedenfalls war es so, dass sie mit der Antwort dann einverstanden war, weil ich dann auch da nicht mehr weiterwusste, warum ein Mensch irgendwas Böses tut. Klar, die Kinder bekommen ja mit, was Nachrichten angeht oder so.“

Der Kindergarten, so wird deutlich, ist auch für konfessionsverbindende Familien eine wichtige Einflussgröße, nicht zuletzt im Blick auf die religiöse Erziehung. Häufig ist der Eintritt in den Kindergarten überhaupt die erste Station, an der sich die Frage nach der Konfessionszugehörigkeit des Kindes für die Eltern bewusst stellt und entsprechende Entscheidungen getroffen werden müssen: Soll der Kindergarten evangelisch sein oder lieber katholisch? Welche Folgen hat die jeweilige Entscheidung? Sind die eigenen Erwartungen beispielsweise an eine katholische (religiöse) Erziehung realistisch? Weniger deutlich wird in den Gesprächen, ob die Eltern auch in dieser Hinsicht Beratung oder Unterstützung – ja, auch nur eine entsprechende Aufmerksamkeit und Sensibilität – erfahren haben.

Konfessionelle Schule

Ein Vater hat für seine Kinder ganz bewusst sowohl eine evangelische Grundschule als auch – später – ein evangelisches Gymnasium ausgesucht, damit sie ein religiöses Fundament erhalten und religiöse Geborgenheit erfahren. Diese könne er selbst nicht vermitteln, da er sich weniger als Glaubender, sondern vielmehr als Fragender empfinde. Für ihn stellte die erwartete religiöse Erziehung das Hauptauswahlkriterium dar: „... erstens, sie werden auf eine sehr unbefangene Weise mit, also auf eine intensive und unbefangene Weise mit dem

Thema Glauben groß... Und es gibt, sagen wir mal, das, was man sich von einer christlichen Schule erhofft, auch im Umgang untereinander... Also, ich habe das Gefühl, dass die Kinder dort vielleicht auch eine Spur bewusster wahrgenommen werden in ihrer ... Einmaligkeit zum Beispiel, in ihrem Menschsein." Dennoch versucht er, mit seinen eigenen „fragenden" Antworten auch selbst auf die Fragen der Kinder einzugehen, die diese aus der Schule mit nach Hause bringen. Religiöse Rituale hat diese Familie allerdings vollständig an die Schule delegiert: Dort beten verschiedene Lehrer in unterschiedlicher Form mehrmals am Tag mit den Kindern, weswegen die Mutter das abendliche Beten zu Hause eingestellt hat. Die christliche Prägung der Schule ist so stark, dass die Mutter auch die Bedeutung von Kommunion oder Konfirmation als relativiert ansieht. Die Eltern sehen ihre eigene religiöse Erziehung als Offenheit für die Erziehung durch die Schule an, die den Kindern die von den Eltern gewünschte intensive christliche Verwurzelung bietet.

Ein anderer Vater, dessen Kinder evangelisch getauft sind und aus örtlichen und pädagogischen Gründen einen katholischen Kindergarten und eine katholische Schule besuchen, geht mit ihnen ganz bewusst in evangelische Gottesdienste, um einen Gegenpol zur katholischen Prägung des Wohnortes zu setzen, und bemerkt, dass er, wenn er früher erkannt oder gespürt hätte, wie stark der katholische Einfluss ist, damit doch Probleme gehabt hätte. In dieser Familie werden auch Impulse, die von außen kommen, zu Hause nachgelesen und besprochen. Da es in der Regel keine eigenen religiösen Rituale innerhalb der Familie gibt, besteht die religiöse Erziehung der Eltern vor allem in der Reaktion auf die starke katholische Prägung außerhalb.

Auch im Blick auf die Schule kommen also die spezifischen Erwartungen konfessionsverbindender Familien ins Spiel. Die Erwartungen selbst weisen wiederum eine große Vielfalt auf, aber in fast allen Fällen spielen konfessionelle Gesichtspunkte mit hinein. Für die Schule – auch in staatlicher Trägerschaft – könnte dies ein Anlass dazu sein, sich genauer über ihren Auftrag im Blick auf Kinder aus konfessionsverbindenden Familien klar zu werden. Noch mehr gilt dies natürlich für den Religionsunterricht.

Religionsunterricht

Der Religionsunterricht kann an der religiösen Entwicklung eines Kindes maßgeblich beteiligt sein. Das gilt zunächst für alle Kinder, die diesen Unterricht über Jahre hinweg besuchen. Für manche Kinder kann er die überhaupt erste Informationsquelle über Religion und der einzige Kontakt zur Kirche sein, und er kann spätere Meinungen prägend beeinflussen, sei es positiv oder negativ. So wird es auch in einem der Gespräche formuliert: „Wahrscheinlich legt man heutzutage den Grundstein schon in der Schule, dass man von der Kirche nichts wissen will".

An den Kindern scheint der Unterricht jedenfalls selten einfach vorbeizuziehen: Einige Eltern berichten zum Beispiel, dass ihre Kinder Geschichten und Lieder aus der Schule mit nach Hause bringen. Da sich unsere Studie auf Baden-Württemberg bezieht, kommen hier nur Varianten des konfessionellen und z. T. des christlich kooperativen Unterrichts, wie sie die befragten Eltern und ihre Kinder erleben, in den Blick – wobei die Eltern den kooperativen Unterricht manchmal als „überkonfessionell" wahrnehmen und bezeichnen. Allgemein spielt der Religionsunterricht in den Interviews allerdings eine eher untergeordnete Rolle, da viele Kinder in den befragten Familien noch nicht zur Schule gehen. Daher wird er in den Gesprächen zum Teil, wenn überhaupt, nur hypothetisch erwähnt, zum Teil berichten die Eltern von ihren eigenen Erfahrungen mit dem Religionsunterricht in früherer Zeit.

Die Meinungen der Eltern gehen sowohl hinsichtlich der Inhalte als auch hinsichtlich der Form des Religionsunterrichts auseinander. Neben einer neutralen Haltung, die beispielsweise den evangelischen Unterricht als Sammelbecken für „die Evangelischen und die was weiß ich was" bezeichnet, ohne weiter darüber zu reflektieren, gibt es etwa die Ablehnung des katholischen Unterrichts: Zwei Elternpaare, die sich aufgrund ihrer eigenen Erfahrungen bewusst negativ über den katholischen Religionsunterricht äußern, vertreten solche Auffassungen. Bei der einen Familie führt die Ansicht, „dass einfach der evangelische Unterricht oder überhaupt die Protestanten einfach ein bisschen lockerer sind als die Katholischen", zur evangelischen Taufe des Kindes. Während die Mutter im katholischen Religionsunterricht „keinen Spaß" hatte und ihn als „ein Fach mit Arbeiten, mit Lernen, mit Hausaufgaben, mit Prüfungen" erlebt hat, merkt der Vater an: „Und wir Evangelischen, wir haben uns eben Geschichten angehört, wurden eben langsam an die Religion herangebracht mit Malen, mit Geschichten erzählen, mit Kassetten, mit Nachspielen, keine Hausaufgaben, recht locker." Er spricht sich auch heute gegen den „Drill" im katholischen Unterricht aus. In der anderen Familie wird der Religionsunterricht zwar nicht direkt als Grund für die evangelische Taufe der Kinder angeführt, die Aussagen über den katholischen Religionsunterricht sind aber vergleichbar. Während der katholische Unterricht eher als weltfern wahrgenommen wurde, scheint der evangelische Religionslehrer den Schülern einen kritischen Umgang mit der Bibel nahe gebracht und großen Wert auf Lebensnähe gelegt zu haben:

„Also ich kann es nur von meiner Schulzeit her sagen, bei mir war's immer so, dass die Katholischen schon anhand der Bibel alles durchgegangen sind... Und die Evangelischen, die haben alle möglichen Themen mit einbezogen, was so in der Welt geschieht, mit irgendwelchen Religionskriegen. Das war ja damals auch wieder mit dem Irak/Iran. Da sind sie drauf eingegangen und wir überhaupt nicht im Katholischen... Also das war wirklich/ Da wurde im Alten Testament angefangen und hat dann irgendwann im Neuen Testament mit den Apostelgeschichten aufgehört. Und das finde ich, ist ein bisschen, ist mir zu wenig. Also wenn ich die Bibel lesen will, dann kann ich das auch zu Hause machen oder ja... Also es ist alles so. Es muss ein bisschen weltlicher sein. Es muss alles mit einbezogen werden und das ist im evangelischen doch anders. Ich weiß jetzt nicht, wie es inzwischen ist. Es kann sich viel verändert haben, aber ich glaub so Grundsachen. Also in der Schule, wo ich war, ist immer noch die Religionslehrerin von mir, die ist immer noch Religionslehrerin... Deshalb glaub ich, dass sich in dem Hinblick überhaupt nichts geändert hat. Die wird ihr Ding immer noch durchziehen, so wie sie es damals durchgezogen hat."
Auf diese Aussage der Mutter hin fügt der Vater, der den evangelischen Religionsunterricht besucht hat, hinzu: „Das hab ich bei mir in der Schule auch gemerkt... Wir haben dann schon alles aus der Bibel durchgenommen. Er hat uns auch ein paar Passagen erzählt und uns auch dazu gesagt, was er also, ich denk mal mit seinem Menschenverstand dazu denkt, was ich glaub, ein katholischer Pfarrer nicht unbedingt machen würde."

Der Großteil der Eltern spricht sich gegen eine Trennung nach Konfessionen im Religionsunterricht aus, einige Eltern empfinden sie – in der Schule noch mehr als im Kindergarten – als unnötig oder störend. „Ich finde es absurd. Man kann die Kinder doch zusammenschmeißen. Diese Trennung ist doch/ Ich find's idiotisch." Diese Aussagen werden jedoch meist im Kontext folgender Überzeugungen gemacht: „Es spielt wirklich keine Rolle, ob ich jetzt evangelisch oder katholisch bin" – das heißt von den Eltern, die ihre Konfessionsverschiedenheit auch sonst nicht ausleben und daher konfessionelle Unterschiede von vornherein nicht als Problem betrachten. Gegen eine Trennung sind aber auch die Eltern der Kinder, die in einer Minderheitensituation leben, sich teilweise ausgeschlossen fühlen, weil sie für ihren Religionsunterricht „immer mit dem Lehrer aus der Klasse gehen"; Kinder, die die Trennung also bewusst erleben und Fragen wie folgende stellen: „Mama, warum geht die K. in einen anderen Religionsunterricht als ich? Es gibt doch nur einen Gott." Dieses Kind hat Unterschiede sehr früh festgestellt und sich von sich aus dafür interessiert, obwohl die Eltern versuchten, die Differenzen von ihm fernzuhalten.

Für eine konfessionelle Trennung im Religionsunterricht spricht sich in den von uns geführten Gesprächen niemand direkt aus. Eine Mutter zeigt aber deutlich Verständnis dafür, weil sie den katholischen Religionsunterricht als Vorbereitung ihres Kindes auf die Kommunion betrachtet. Zuerst war sie „erstaunt, dass schon in der ersten Klasse konfessionell verschieden unterrichtet wird", dann stellte sie aber fest: „klar, man kann nicht in der dritten Klasse erst sagen: ‚So jetzt gehst du in katholische Religion'". Dieselbe Mutter merkt jedoch später im Zusammenhang damit, dass sie eine religiöse Erziehung von Anfang an wichtig findet, an: „Ich würde jetzt nicht von Anfang an diese Pluralität, die es gibt, unterbreiten... zunächst vermitteln wir mehr den Eindruck den Kindern: Es gibt einen Gott – was wir auch beide überzeugt glauben –, es gibt Jesus als Leitfigur und es gibt die Gläubigen." Auf die konfessionelle Trennung in der Schule geht sie folglich dann nicht mehr ein.

Während eine Mutter, deren Kinder in der ersten und zweiten Klasse einen „überkonfessionellen" Religionsunterricht hatten, ohne weitere Bewertung nur feststellt, dass ihren Kindern deshalb ihre Konfession „herzlich egal" beziehungsweise „nicht so wichtig" sei, weil sie sowieso keine Unterschiede wahrnähmen, macht ein anderes Elternpaar, das sich für seine Kinder einen solchen Unterricht wünschen würde, sehr detaillierte Vorschläge. Bei diesem Paar führt die Konfessionsverschiedenheit immer wieder zu Konflikten. Sie wünschen sich „schon ab Klasse 1 ökumenischen Schulunterricht", wobei auch die Vorstellung gemeinsamer Werte (vgl. oben, S. 23ff.) als mögliche Grundlage jenseits der konfessionellen Unterschiede aufscheint:

„Wenn schon diese zwei Pflichtstunden sind von Klasse 1 bis Schluss, dass man da nicht wirklich 'nen christlichen oder ethischen oder auch 'nen religiösen Unterricht, aber keinen konfessionsgebundenen nimmt. Und gleich ab Klasse 1 – ja... Ha, dass man halt von allem was lernt. Dass es – ja, nicht auf evangelisch und katholisch ankommt, sondern auf, auf eine gewisse Werterziehung, im großen und ganzen natürlich schon christliche Werte. – Aber mir wäre es wichtig, dass das nicht getrennt wird von Anfang an, dass die Katholischen Unterricht haben und die Evangelischen, sondern gemeinsam." Auch die Beteiligung von muslimischen Kindern an einem solchen Religionsunterricht wird von ihnen gewünscht.

Es wurde deutlich, so kann noch einmal festgehalten werden, dass sich kein Elternpaar explizit für eine konfessionelle Trennung im Religionsunterricht ausspricht. Diese Ansicht scheint für Paare verschiedener Konfession sehr nahe liegend zu sein. Inwieweit Eltern über ökumenische Konzepte nachdenken, hängt nicht nur von ihren eigenen Erfahrungen im Religionsunterricht ab, sondern auch davon, wie stark sie in ihrer Konfession verwurzelt sind, welche Rolle die Konfessionsverschiedenheit in der Familie spielt und wie ihre Kinder den Schulunterricht erleben.

Da es in Baden-Württemberg, wo wir unsere Studie durchgeführt haben, häufig – besonders in der Grundschule – evangelisch-katholischen (konfessionell-kooperativen) Religionsunterricht gibt (vgl. Schweitzer / Biesinger u. a. 2002), wäre zu erwarten gewesen, dass diese Form des Religionsunterrichts häufiger zur Sprache gebracht wird. Dass dies nicht der Fall war, ist wohl darauf zurückzuführen, dass dieser Unterricht zwar bei Spezialisten für den Religionsunterricht weithin bekannt geworden ist und auch viel diskutiert wird, den Eltern und der weiteren Öffentlichkeit aber noch immer kaum vor Augen steht, vor allem nicht in seiner Bedeutung der Zusammenarbeit zwischen den Konfessionen. Das ist insofern bedauerlich, als der kooperative oder dialogische Religionsunterricht (Schweitzer / Biesinger u. a. 2006) gerade für konfessionsverbindende Familien eine wichtige Rolle spielen könnte. In diesem Unterricht werden ja eben die Gemeinsamkeiten und Unterschiede thematisiert, die für diese Familien grundlegend sind. Allerdings, so ist hinzuzufügen, muss auch im Blick auf diesen Unterricht die Frage aufgeworfen werden, ob er sich seiner Aufgabe im Blick auf konfessionsverbindende Familien schon genügend bewusst ist und ob er entsprechende Aufgaben der religiösen Begleitung der Kinder tatsächlich in ausreichendem Maße wahrnimmt.

Schulgottesdienst

Der Kontakt eines der Elternpaare zur Kirche besteht allein über die Schuljahresanfangsgottesdienste, bei denen ihre Kinder mitwirken. Während die Mutter diese als Ritual „ganz gut" findet, werden deren Inhalte vom Vater sehr negativ als „primitiv" und „Unterforderung für die Kinder" beurteilt. Eigentlich hätte sich der Vater gewünscht, dass seine Kinder die Kinderkirche besuchen und dort christliche Traditionen als Basis der Gesellschaft kennen lernen. Dazu animiert hat er sie jedoch nicht. Entgegen seines Wunsches haben die Eltern ihrem älteren Kind wegen Zeitmangel von der Konfirmation abgeraten. Somit besteht keinerlei Gemeindekontakt. Die Eltern stellen fest, dass sie ihre Kinder nicht religiös erziehen, haben aber auch nicht die Erwartung, dass die Schule dies in angemessener Weise tun könnte.

Fazit

Schon die Wahl des Kindergartens kann eine ausschlaggebende Entscheidung im Hinblick auf die kirchliche Sozialisierung des Kindes und damit auch der Eltern sein. Oft entsteht durch den Kindergarten oder auch durch Schulgottesdienste Kontakt zu einer (weiteren) Gemeinde. Dieser gestaltet sich dabei je nach Familie unterschiedlich.

Die meisten Eltern wollen das Angebot von außen aufnehmen, ergänzen oder korrigieren. Dabei ist die Bandbreite, wie das geschieht, ebenfalls groß. Die einen legen zu Hause zusätzlich noch sehr starken Wert auf aktive religiöse Erziehung. Sie bereiten die Kinder beispielsweise selbst intensiv auf religiöse Feste, die im Kindergarten oder in der Schule besprochen und gefeiert werden, vor – oder erzählen und erklären ihnen, bestätigend oder korrigierend, die Hintergründe. Andere wünschen sich hingegen, ihre Verantwortung weitestgehend beispielsweise an eine christliche Schule abgeben zu können. Sie sind dabei allerdings durchaus offen für die Fragen ihrer Kinder. Für eine dritte Gruppe spielt religiöse Erziehung weder im Privaten noch im Blick auf die entsprechenden Institutionen eine Rolle. Dennoch kann es auch in diesem Falle sein, dass ein Gebet aus dem Kindergarten auf Wunsch des Kindes übernommen und am Esstisch gebetet wird. Die Eltern tun dies, weil sie grundsätzlich auf Anregungen ihrer Kinder eingehen wollen. In unseren Gesprächen gab es nur ein einziges Elternpaar, das sich religiösen Einflüssen von außen systematisch und konsequent verweigert.

Letztendlich scheinen also die jeweiligen Erwartungen der Eltern an

Kindergarten, Schule und Gemeinde für den religiösen Einfluss, den diese Institutionen haben können, ausschlaggebend zu sein. Dass dieser Einfluss in vielen Fällen dann tatsächlich in den Blick kommt und von den Eltern thematisiert wird, unterstreicht die Aufgaben und Möglichkeiten, die Kindergarten, Schule und Religionsunterricht sowie die Kirchengemeinde tatsächlich haben oder zumindest haben können, wenn sie sich diesen Aufgaben stellen und ihre Möglichkeiten aktiv ergreifen. Die Berichte der Eltern lassen auch dann, wenn sie sich nicht kritisch auf die pädagogischen Angebote in diesen Bereichen beziehen, erkennen, dass die besondere Situation der konfessionsverbindenden Familien noch immer zu wenig gesehen wird und eine kompetente Begleitung von Eltern und Kindern keineswegs gewährleistet ist.

Familien als Motor der Ökumene?

Nirgends sonst ist das Verhältnis zwischen evangelisch und katholisch im Alltag von Menschen stärker präsent als in konfessionsverbindenden Familien. Und an keinem anderen Ort gewinnen die Gemeinsamkeiten und Unterschiede zwischen den Konfessionen eine so existenzielle Bedeutung wie im Leben dieser Familien. Auch in den kirchlichen und theologischen Diskussionen zur ökumenischen Verständigung wird deshalb immer wieder auf die Situation konfessionsverbindender Familien Bezug genommen. Manchmal wird auch angenommen, dass diese Situation – besonders in Deutschland, wo sich die kirchlich geschlossenen Ehen gleichmäßig auf katholisch-katholisch, evangelisch-evangelisch sowie auf konfessionsverbindend verteilen – ein dauerhaft wichtiges Motiv für die Ökumene bildet. Dieser Auffassung soll nun noch etwas genauer nachgegangen werden.
Lassen sich Familien angesichts der Befunde aus unserer Befragung als ein „Motor der Ökumene" bezeichnen? Hinsichtlich dieser Frage sollen zunächst einige Aspekte, die entsprechende Chancen beinhalten, geschildert werden.
An zwei beispielhaften Situationen von Familien lässt sich die Bedeutung der Ausgestaltung des Gemeindekontaktes gut darstellen.
In einer ersten Familie war Ökumene schon in der Kindheit der katholischen Mutter ein wichtiges Thema. Die katholisch getauften Kinder haben in dem stark evangelisch geprägten Wohnort vor allem Kon-

takt zur evangelischen Gemeinde. Dieser entstand durch die Kinder-kirche. Jedoch hat die Familie zur evangelischen wie zur katholischen Gemeinde Kontakt und erlebt auch beide Gemeinden als sehr offen. Die Erziehung zuhause ist durch die familiäre Situation vermutlich etwas mehr durch die Mutter geprägt, jedoch steht für beide Eltern das Gemeinsame der beiden Konfessionen im Vordergrund, das jeder auf seine Art weitergibt: „die Unterschiede machen nur die Spitze des Eisbergs aus". Das hohe Engagement der Eltern ermöglicht, dass die Kinder mit beiden Konfessionen in Berührung kommen – zuhause wie auch auf Gemeindeebene. „Wir sind kathelisch", fasst die Familie ihre Situation zusammen – „oder evangolisch".

In einer weiteren Familie spielt der Kontakt zur evangelischen wie zur katholischen Kirchengemeinde am Ort ebenfalls eine wichtige Rolle. Dieser wird jedoch nach einiger Zeit hauptsächlich auf nur eine der beiden Gemeinden begrenzt – auf die Gemeinde der Mut-ter und der Kinder –, da die zeitliche Belastung für die Familie zu hoch wird. Konfessionelle Unterschiede spielen für die Familie in beiden Situationen eine untergeordnete Rolle. Entscheidend sind die Gemeinsamkeiten. Vater: „Im Grundsätzlichen sind sie ja gleich, ob evangelisch oder katholisch. Wir glauben an das Gleiche im Prinzip. Und die Unterschiede sind jetzt nicht für mich so gravierend, dass sie ein Streitthema dargestellt hätten."

Neben dem Gemeindekontakt spielt auch die religiöse Erziehung zu-hause eine wichtige Rolle, wie bereits bei der ersten Familie ange-klungen ist. Kinder können beispielsweise durch die unterschiedli-che Gestaltung von Ritualen durch die Eltern deren Akzentsetzungen erfahren oder im Gespräch unterschiedliche Perspektiven kennen-lernen.

Mit der folgenden familiären Situation kann noch ein weiterer As-pekt aufgegriffen werden: Die ersten beiden Kinder der Familie wer-den in diesem Falle – vor allem aufgrund der Beeinflussung durch die Verwandtschaft – katholisch getauft. Nach einer Veränderung der familiären Situation und einem Wohnortwechsel wird das dritte Kind evangelisch getauft, da sich die Familie am neuen Ort in der evange-lischen Gemeinde heimisch fühlt. Diese besondere Situation unter-schiedlicher Konfessionen der Kinder ist in den von uns geführten Interviews sehr selten. Hier überträgt sich die Situation der Eltern auf die Ebene der Geschwister – eine besondere Chance und Heraus-forderung. Den Eltern ist wichtig, dass die Kinder erfahren, „da gibt's also beides und wir (die Eltern) kommen aus zwei verschiedenen Traditionen, aber das Wesentliche ist eigentlich verbindend. Das Wesentliche ist gemeinsam. Und es sind teilweise äußerliche Unterschiede und an ein paar inhaltlichen Punkten reiben sich die beiden großen Kirchen auch noch, aber es sind eigentlich mehr theologische Auseinandersetzungen, die den Alltag nicht so sehr betreffen."

Schließlich ist die Kommunionvorbereitung bzw. der KU3-Unterricht ein Ansatzpunkt für ökumenische Überlegungen. Unter den von uns interviewten Familien finden sich sowohl katholische Mütter, die sich im KU3-Unterricht ihrer evangelischen Kinder engagieren, als auch evangelische Mütter, die bei der Kommunionvorbereitung ihrer katholischen Kinder mitarbeiten. Eine besondere Situation findet sich in einem Ort, in dem die Kommunionvorbereitung und der KU3-Unterricht zusammengelegt wurden – unter der Leitung von evangelischen und katholischen Eltern.

Zusammenfassend kann festgehalten werden, dass die von uns geführten Gespräche vor allem die hohe Bedeutung der ökumenischen Frage in solchen Familien bestätigen. Naturgemäß liegt es in solchen Familien besonders nahe, auf Gemeinsamkeiten und Unterschiede zwischen den Konfessionen zu achten und sich, mehr oder weniger ausgeprägt, dazu Gedanken zu machen. Gerade die religiöse Erziehung, die vielfach zu verschiedenen Gemeindekontakten führt, bietet dazu weitere Gelegenheiten und Anlässe. Insofern birgt die Situation konfessionsverbindender Familien besondere Chancen für die Ökumene und können diese Familien durchaus als „Motor der Ökumene" angesprochen werden. Neben den Chancen für die Ökumene, die die genannten Aspekte bieten, lassen sie gleichzeitig aber auch exemplarisch die Schwierigkeiten hervortreten. Hinsichtlich des Gemeindekontaktes der Familie ist beispielsweise die Situation eines katholischen Kindes zu nennen, das lange Jahre die evangelische Kinderkirche besucht hat und sich dort sehr wohl fühlt. Inzwischen hat es das Alter erreicht, in dem evangelische Kinder ins Leitungsteam der Kinderkirche wechseln können. Auch das genannte Kind hätte Interesse an einer solchen Mitarbeit. Nun stellt sich für die Familie wie auch für das Leitungsteam der Kinderkirche die Frage, wie mit dieser Situation umzugehen ist. Sie stoßen – durch das Kind – auf die Herausforderungen der Ökumene.

Gefragt werden kann allerdings, ob die Ökumene den interviewten Familien wirklich ein persönliches Anliegen ist. Dies kann im Blick auf die von uns geführten Gespräche nur zum Teil bejaht werden. Es scheint sich abzuzeichnen, dass dies desto mehr der Fall ist, je wichtiger den Eltern die religiöse Erziehung und der Kontakt zu einer Gemeinde ist. Für andere Familien spielt auch die Ökumene keine besondere Rolle.

Insgesamt ist nicht zu übersehen, dass konfessionsverbindende Familien nur in bestimmten Hinsichten eine Rolle als „Motor der Ökumene" spielen können. Es fällt auf, dass sie in aller Regel dazu neigen, die *Gemeinsamkeiten* zwischen den Konfessionen hervorzuheben, während die *Unterschiede* nicht gleichermaßen im Blick sind. Dies ist insofern leicht zu erklären, als Familien prinzipiell auf Gemeinsamkeiten aufbauen und die Unterschiede in den Hintergrund treten müssen, wenn die Familie als Gemeinschaft weiterbestehen soll. Darüber hinaus lassen zumindest manche Äußerungen erkennen, dass die theologischen Unterschiede von den Familien als eine Angelegenheit nur für Spezialisten gedeutet werden. Dies erlaubt es ihnen, ihren Alltag davon freizuhalten. Auch dies ist leicht nachvollziehbar – darin ähneln die konfessionsverbindenden Familien am Ende doch etwa den christlich-konfessionslosen und den christlich-muslimischen Familien (Liebold 2005; Froese 2005); es bedeutet aber auch, dass das von den konfessionsverbindenden Familien getragene Interesse an Ökumene eingeschränkt bleibt. Sie stehen eher für eine pragmatische Ökumene, die sich an den alltäglichen Interessen von Familien ausrichtet, nicht oder jedenfalls weit weniger für eine theologisch begründete Ökumene. So geht man beispielsweise ziemlich selbstverständlich zu der Gemeinde, die das „bessere" Angebot für Kinder hat. Theologisch-inhaltliche Fragen spielen dabei offenbar nur selten eine Rolle. Für die Familien mag dies in der Regel ausreichen – für eine tragfähige Verständigung zwischen den Kirchen kann es kein Vorbild sein.

*

Während der Arbeit an diesem Buch ergab sich folgende Frage im Internet, auf die Albert Biesinger antwortet – das Beispiel eignet sich für Gespräche sowie zum persönlichen nachdenken:

Ein aktuelles Fallbeispiel: Aus der Vorbereitung auf die Erstkommunion

Frage einer evangelisch-katholischen Familie im Kontext der Vorbereitung auf die Erstkommunion ihres Kindes:

Unser Sohn geht dieses Jahr zur Erstkommunion. Ich bin katholisch, meine Frau ist evangelisch. Zur ersten Beichte haben wir leider verschiedene Standpunkte. Nun die Frage: Ist die Beichte vor der Erstkommunion zwingend vorgeschrieben oder gibt es da Ausnahmen bzw. andere Möglichkeiten? Auf Nachfrage bei meinem Sohn habe ich festgestellt, dass die 10 Gebote weder im Religionsunterricht, noch im Kommunionunterricht ausgiebig behandelt wurden. Ein Unrechtsbewusstsein existiert daher nur auf den Werten, die die Eltern vorgelebt bzw. in der Erziehung versucht haben zu vermitteln. Ich selbst bin vor 30 Jahren zur Erstkommunion gegangen. Für mich ist die erste Beichte noch im Nachhinein der blanke Horror.

Antwort (Prof. Biesinger):

Liebe Familie B.,

da hat sich wirklich *viel* geändert.
Mir ging es als Kind genau so wie Ihnen...
Die Argumentation ist eine andere heute:
Mit dem Kind das eigene Leben zu spiegeln (Beichtspiegel), mit einem anderen Menschen darüber zu sprechen, sich Gott zu öffnen und sich Versöhnung zusagen zu lassen ist eine Kompetenz fürs Leben.
Kinder brauchen dringend Werte und Orientierung. Und vor allem die Erfahrung: Du bist o.k.
Theologisch gesehen haben Kinder keine schwere Sünde begangen, so dass sie nicht unbedingt vor dem Kommunionempfang beichten müssen.
Aber sie machen in der Regel heute damit gute Erfahrungen.
Ein Kind sagte kürzlich bei uns:
Das war so schön, dass ich am liebsten gleich wieder zum Pfarrer zum beichten gehen würde.
Und der Pfarrer hat ihm gesagt:
In einem Jahr dann wieder.

Lesen Sie doch mal unseren *sehr* lebensnahen Beichtspiegel:
Albert Biesinger/Herbert Bendel/David Biesinger/Barbara Berger,
Gott mit neuen Augen sehen. Familienbuch. Kösel-Verlag 2007,
S. 184–185.

Sie werden damit mit Ihrem Kind in ein tolles Gespräch kommen
können.

Übrigens kommen auch in manchen evangelischen Gemeinden derzeit Beichte-Versöhungsrituale auf…

Letztlich sollten sie vor Ort mit Ihrem Pfarrer offen und vertrauens-
voll sprechen.

Kindern Angst vor Gott zu machen, halte ich für streng verboten.
Wie soll sich denn Gott fühlen, wenn Kinder vor ihm Angst haben…

Aber davon gehe ich in Ihrem Fall nicht aus.

Was Eltern und Kinder unterstützen kann

Im vorangehenden Kapitel haben wir versucht, auf der Grundlage unserer Gespräche eine Art Gesamtbild der Situation und der Erfahrungen mit religiöser Erziehung in konfessionsverbindenden Familien zu zeichnen. Leitend war dabei die Absicht, ein möglichst realistisches Bild von dieser Situation zu gewinnen. Letztlich geht es uns aber darum, die religiöse Familienerziehung zu fördern. Deshalb fragen wir nun, was Eltern und Kinder in solchen Familien unterstützen kann. Dabei wenden wir uns ebenso an die Familien selbst wie an ihr Umfeld, vor allem an Kirchengemeinden sowie an Einzelpersonen, die in diesem Bereich – als Pfarrer oder Pfarrerin, als Erzieherin oder in der Beratung – tätig sind.

Wenn man die Gespräche mit den Eltern in konfessionsverbindenden Familien auswertet und gewichtet – wobei es sich bei unserer Befragung ausdrücklich nicht um repräsentative Aussagen handelt –, dann stellt sich religionspädagogisch die herausfordernde Frage, wie konfessionsverschiedene Familien begleitet werden können und wie sie sich möglicherweise selber begleiten, indem sie Erfahrungen austauschen und damit anderen Familien Orientierung geben.

Es geht dabei nicht um simple Ratschläge, vielmehr sind Überlegungen anzustellen, die erfahrungsgesättigt aus der Praxis der befragten Familien oder Eltern kommen und für eine reflektierte, möglicherweise veränderte Praxis in anderen Familien oder auch in der eigenen Familie anregend wirken. Die differenzierte Situation in den befragten Familien macht auch uns als Religionspädagoginnen und Religionspädagogen nachdenklich; immerhin gibt es zu diesem Forschungsbereich noch kaum Untersuchungen, die den Bogen von der Befragung bis hin zu potentiellen Leitlinien bieten.

Übergreifend sind zwei Beobachtungen festzuhalten, die in verschiedene Richtungen weisen:

– Zum einen sind Eltern selber auf dem Weg, sich religiös zu orientieren und zu verständigen. Die Eltern sind keineswegs hilflos, sondern machen sich selbstbewusst und selbständig auf die Suche nach Möglichkeiten, die zu ihnen und zu ihrer Situation passen. Dies muss beachtet und von anderen geachtet und anerkannt werden, auch von den Kirchen und Gemeinden. Darüber hinaus ist an dieser Stelle zu wiederholen, was wir bereits mehrfach hervorgehoben haben: Jede Familie ist anders – und soll es auch sein! Es gibt verschiedene Reaktionen von Eltern in konfessionsverbindenden Familien hinsichtlich religiöser Erziehung und religiösen Familienlebens. Die einen grenzen das Thema religiöser Entscheidungen weitgehend aus, um damit ein mögliches Konfliktfeld – von manchen wird es auch als ein weiteres, nicht so wichtiges Feld eingestuft – nicht auch noch als belastend wahrnehmen zu müssen. Für andere Eltern ist es dagegen tatsächlich eine Herausforderung, sich beispielsweise für den evangelischen oder katholischen Trauritus zu entscheiden oder nach der Geburt eines Kindes die Entscheidung zu treffen, ob es katholisch oder evangelisch getauft wird. Bei alldem erweisen sich die von uns befragten Eltern vielfach als kompetent und handlungsfähig.

– Zum anderen fällt jedoch auf, dass Eltern in konfessionsverbindenden Familien sehr wenig Unterstützung erfahren und dass es weithin an einem sensiblen Umgang mit ihrer Situation fehlt. Das gilt etwa für die Kirchengemeinden, in denen solche Familien ja vielfach anzutreffen sind, aber offenbar ohne dass ihre Fragen auch angesprochen würden. Es gilt aber auch für den Kindergarten oder für den Religionsunterricht, die – den Erfahrungen der Eltern zufolge – kaum auf die speziellen Fragen und Bedürfnisse konfessionsverbindender Familien eingestellt sind. Dies ist insofern unzureichend, als es eine ganze Reihe von Hinsichten gibt, in denen solche Familien von einer gezielten Unterstützung profitieren könnten, weil ihre eigene Kompetenz nicht ausreicht. So fehlt ihnen beispielsweise häufig schon eine Sprache, die sie dazu befähigen würde, religiöse Fragen zu klären. Oder: Mit dem Heranwachsen der Kinder kommt es zu Herausforderungen, die von den Eltern bewältigt werden müssen – Wahl eines Kindergartens oder einer Schule, Teilnahme an Erstkommunion und Konfirmation, Beteiligung an der kirchlichen Kinder- und Jugendarbeit – all dies wird nur in konfessioneller Form angeboten. Entscheidungen sind deshalb unausweichlich. Die anfängliche Ökumene bei der als ökumenisch wahrgenommenen Trauung lässt sich nicht durchhalten. Bei solchen Fragen bleiben die Eltern offenbar noch immer ziemlich allein und auf sich selbst gestellt. Bestenfalls sind es individuelle, persönlich-freundschaftliche Verhältnisse zu einem Pfarrer, die daran etwas ändern. Nur selten scheint den Eltern auch deutlich geworden zu sein, dass die Taufe einen ökumenischen Charakter besitzt und von den Kirchen wechselseitig anerkannt wird. Wenn man die Problemlagen beispielsweise im Blick auf die in der katholischen Kirche übliche Ehevorbereitung (etwa in Form von Seminaren angeboten) genauer analysiert, so bekommen junge Paare in der Regel im Blick auf die Konfessionsverschiedenheit und die sich daraus ergebenden Probleme kaum Anregungen oder Perspektiven. Umgekehrt kann auch in einer überschaubaren evangelischen Kirchengemeinde bei mangelndem „Draht" zum Pfarrer bzw. zu engagierten Gemeindemitgliedern die Situation entstehen, dass die Kinder aufgrund der Freundinnen und Freunde unbedingt zur Erstkommunion gehen wollen.

Diese – exemplarische – Beschreibung von Situationen, in die Eltern in konfessionsverbindenden Familien kommen können, bildet den Horizont für die weiteren Überlegungen. Um den beschriebenen Beobachtungen gerecht zu werden, wenden wir uns an erster Stelle an die Familien selbst, sodann aber auch an Gemeinden sowie an Schule und Religionsunterricht.

Anregungen für Familien

Im Folgenden werden Entscheidungen hinsichtlich der Konfessionswahl dargestellt, die im Kontext der Eheschließung hinsichtlich des Trauritus, im Kontext der Taufe hinsichtlich der Konfession der Kinder erforderlich sind. Außerdem werden einige Anregungen zur Gestaltung des Familienlebens gegeben, die sich in der Praxis der befragten Familien als besonders hilfreich erwiesen haben.

Welche Form der Trauung ist die richtige für uns?

Eine erste Entscheidung steht an, wenn sich ein konfessionsverbindendes Paar für eine kirchliche Trauung entscheidet und in der Konsequenz den evangelischen oder katholischen Trauritus wählen muss. Eine ökumenische Form bezogen auf den Ritus gibt es kirchenrechtlich nicht. Die Trauung kann jedoch unter Anwesenheit je eines Vertreters der beiden Konfessionen vollzogen werden. Grundlage der Feier ist dabei entweder der evangelische oder der katholische Trauritus – so wie man sich auch für die Feier in einer evangelischen bzw. katholischen Kirche entscheiden muss. In einzelnen Regionen gibt es zwar Ansätze zu weiterreichenden Lösungen im Sinne einer ökumenischen Trauung, durch die sich aber an der beschriebenen Situation grundsätzlich nichts ändert.

Die Entscheidung für eine Trauung unter Beteiligung von Geistlichen beider Konfessionen erscheint vor allem dann sinnvoll, wenn beide Partner ihrer Kirche verbunden sind, so dass diese Verbundenheit in der gewählten Form ihren Ausdruck finden kann. Aus guten Gründen können Paare mit unterschiedlicher Konfessionszugehörigkeit aber auch bereits bei der Trauung eine Entscheidung für den Trauritus einer Konfession treffen. Eine solche Entscheidung kommt spätestens dann auf ein Paar zu, wenn ein Kind getauft werden soll und man sich für eine Konfession entscheiden muss.

Hier ist es auch wichtig, sich der Bedeutung des Umfeldes der Familien oder des Freundeskreises bewusst zu sein, gerade wenn die Hochzeit evangelisch oder katholisch oder die Taufe nicht in deren Sinne entschieden wird. Der Druck, den die Ansprüche des familiären Umfeldes erzeugen, kann als sehr belastend wahrgenommen und empfunden werden. Dies trifft auch zusammen mit dem Ideal von Harmonie, das sich ebenfalls auf die Ausgestaltung der Kindererziehung und des gemeinsamen (religiösen) Lebens erstreckt. Die konfessionellen Differenzen sollen nicht die Harmonie stören, wegen Gott soll es keine Konflikte geben. Dies kann soweit führen, dass an die Stelle der religiösen Erziehung eine bloße Werteerziehung treten soll, über die sich die Eltern einig sind. Es werden „Grundwerte" identifiziert und die Kirchenstruktur, Papsttum oder Marienverehrung werden dann lediglich als Nuancen verstanden, auf die es nicht wirklich ankommt. Und dennoch ist es in Einzelfällen interessant, dass Kinder sich mit konfessionellen Unterschieden intensiver beschäftigen, als Eltern zunächst denken – manchmal mit überraschenden Fragen, die den Erwachsenen kurios erscheinen, die sich den Kindern aber aufdrängen können: Sind Bienen evangelisch oder katholisch? Haben nur katholische Menschen Nasenbluten? Solche und ähnliche Fragen wussten die Eltern zu berichten.

Hilfe bei der Taufentscheidung?

Die Taufe ist unter anderem zu verstehen als Aufnahme in eine bestimmte Kirche. Wer evangelisch getauft wird, wird in die evangelische Kirche, wer katholisch getauft wird, wird in die katholische Kirche aufgenommen. Die Taufe ist zwischen der evangelischen und katholischen Kirche anerkannt. Im sogenannten Lima-Dokument ist unter anderem festgelegt, dass bei einer Konversion von der katholischen zur evangelischen Kirche und umgekehrt keine erneute Taufe möglich ist. Die Taufe wird – das ist ein großer ökumenischer Fortschritt – so verstanden, dass sie für beide Kirchen gilt und wechselseitig anerkannt wird.

Von daher gesehen ergibt sich eine gewisse stabile Sicherheit über die Bedeutung der Taufe. Allerdings ist es nicht egal, ob Kinder evangelisch oder katholisch getauft werden. Dies hat nicht zuletzt entsprechende Folgen für die weitere Biografie der Kinder. Katholisch getaufte Kinder gehen zur Erstkommunion und zur Firmung. Evangelisch getaufte Kinder gehen zur Konfirmation. In diesem Sinne gehen Kinder in der Regel dann auch in den katholischen oder evangelischen Religionsunterricht.

Nach unseren Forschungsergebnissen entwickeln Kinder vor allem im Bereich des Zeitraumes der Erstkommunion das Bewusstsein, evangelisch oder katholisch zu sein (vgl. Schweitzer / Biesinger 2002, 128ff.). Insofern ist es auch verständlich und richtig, dass sich Eltern bei der Taufe ihres Kindes Gedanken machen, ob ihr Kind evangelisch oder katholisch werden soll. Faktisch wird hier nicht nur über die Taufe in einer bestimmten Kirche entschieden, sondern über den weiteren Weg des Kindes. Es könnte bei der Entscheidung bei der Taufe hilfreich sein, sich dies auch ausdrücklich klar zu machen.

Mancher Elternteil sieht emotional das Problem der Entfremdung, wenn das Kind in einer anderen Konfession als der eigenen getauft wird. In der Tat kann es emotional berührend sein, wenn einem selbst die eigene Konfession wichtig ist und das Kind in der anderen Konfession getauft wird. Und dennoch ist es bedeutsam, darüber auch kritisch zu reflektieren und nicht nur emotional zu entscheiden.

Ein Kriterium für die Taufe kann sein, zu überlegen, wer von beiden Partnern mehr Zeit mit dem Kind verbringen und wer das Kind religiös erziehen wird – beides fällt nicht immer zusammen.

Für den Entscheidungsprozess sind auch eine sensible Absprachen und eine offene, vertrauensvolle Gesprächsebene nötig. Wenn die

Taufe des Kindes zum Machtkampf innerhalb der Partnerbeziehung wird, dann ist möglicherweise von vorneherein eine Schieflage eingebaut, die langfristig weder den Eltern noch dem Kind helfen wird. Situationen, in denen das Kind zwar katholisch oder evangelisch getauft wird, um entsprechende Rücksichten zu nehmen, die mit der Taufe einzulösenden Verpflichtungen – etwa im Blick auf die religiöse Erziehung – von dem jeweiligen Elternteil aber gar nicht eingelöst werden, bringen für das Kind auch keine kompetente religiöse Unterstützung.

Für andere Eltern ergibt sich das Problem der Taufentscheidung eher aufgrund des emotionalen Druckes von Seiten der Herkunftsfamilie. Für manche Familien ist eine Taufe der Enkelkinder in der anderen Konfession nur schwer zu akzeptieren. Innerfamiliär können auch Aspekte wie der Kirchenbezug der Eltern bzw. der Paten Einfluss auf die Entscheidung bzgl. der Konfession der Kinder haben.

Daneben sind für die Entscheidungen bisweilen auch die intensiveren oder weniger intensiven Kontakte zur konkreten Ortsgemeinde relevant. Da aufgrund der unübersichtlichen Seelsorgestrukturen im katholischen Bereich intensivere Beziehungen zu Pfarrern oder zur Gemeinde in der Zukunft nicht von vorne herein gewährleistet sind, wird dieses Kriterium künftig vermutlich noch wichtiger werden.

In die Überlegungen von Familien zur Taufentscheidung fließen in manchen Fällen auch Einstellungen hinsichtlich des jeweiligen konfessionellen Religionsunterrichts oder der jeweiligen Kirche mit ein. Überraschenderweise erscheint die Situation der Gemeinden am Wohnort für die von uns befragten Eltern wenig relevant: Ist eine Konfession am Ort deutlich in der Minderheit? Welche kirchlichen Angebote macht welche Gemeinde? Vielleicht wäre es sinnvoll, auch bei anstehenden Entscheidungen auch die vor Ort verfügbaren Angebote mit zu bedenken.

Bei all diesen Beweggründen, die zur Entscheidung für eine bestimmte Konfession des Kindes bzw. der Kinder führen können, bleibt immer zu bedenken, dass diese Entscheidung zuallererst mit dem Anliegen verbunden sein sollte, dem Kind eine religiöse Erziehung in der Konfession zu ermöglichen, zu der es mit der Taufe gehört – ohne dass deshalb die konfessionelle Verschiedenheit der Eltern übergangen werden müsste.

Für die Vorbereitung auf die Taufe ist es sehr wichtig, dass beide Eltern einbezogen sind. Erfahrungsgemäß ist es für den Elternteil der anderen Konfession umso wichtiger, Schritt für Schritt zu verstehen, wie die evangelische oder katholische Taufe verstanden und vor allem auch gefeiert wird. Oft hilft es schon, gegenseitige Vorurteile und Ängste abzubauen. Manchmal beteiligen sich gerade die Elternteile der anderen Konfession als der, in der das Kind getauft wird, sehr interessiert und intensiv. Hier liegt auch ein Anknüpfungspunkt für die Gemeinden, konfessionsverschiedenen Familien Offenheit zu signalisieren.

Religiöse Kommunikation in Familien

Für den Austausch und das gegenseitige Verständnis der Eltern ist das gemeinsame Gespräch – gerade auch über religiöse und konfessionsbezogene Fragen – unersetzlich. Viele Eltern berichteten in unseren Interviews davon, erst durch die konfessionsverbindende Ehe vorhandene Unterschiede besser verstanden zu haben, aber auch zu erleben, dass man trotz dieser Unterschiede sehr gut miteinander leben kann und Hindernisse eher von offizieller Seite auf sie zukommen. Auf alle Fälle sollte im täglichen Miteinander sowie in gemeinsamen Gesprächen eine Offenheit für die Prägung des Partners selbstverständlich sein – auch dies gilt natürlich nicht nur, aber eben auch für religiöse und konfessionsbezogene Aspekte.

Nicht zu unterschätzen ist beispielsweise aber auch – zumindest in einzelnen Fällen – der Partnerkonflikt, der entstehen kann, wenn einer der beiden Elternteile das Gefühl hat, dauernd mit kritischen Vorbehalten gegenüber der eigenen Kirche konfrontiert zu sein und regelmäßig nachgeben zu müssen.

Dass Religiosität und Konfessionalität nicht einfach ausgeklammert oder vom Familienleben abgespalten werden kann, zeigt sich spätestens dann, wenn Kinder mit ihren religiösen Fragen auf Eltern zukommen. Diesen Fragen gilt es, sich als Eltern zu stellen.

Zunächst daher ein biographischer Einstieg:

Dass Sie sich als Eltern mit dieser Thematik religiöser Erziehung in konfessionsverbindenden Ehen beschäftigen, weist darauf hin, wie wichtig Ihnen Ihre gelebte Konfession ist. Sonst ergäbe sich ja kaum die Herausforderung, sich mit dieser Frage auseinanderzusetzen.

Im Folgenden können Sie eine Übung probieren, die Sie an den Anfang Ihrer Partnerbeziehung führt, wo Sie vermutlich Schritt für Schritt sich auch dessen bewusst wurden, evangelisch und katholisch gemeinsam Ihren gemeinsamen Weg zu gehen:

Schließen Sie die Augen und machen Sie sich auf zu einer Zeitreise an den Beginn Ihrer Partnerbeziehung.

- Wann haben wir uns das erste Mal gesehen?
- Wann hat es zwischen uns „gefunkt"?
- Wann und wie haben wir zum ersten Mal bewusst darüber gesprochen, evangelisch und katholisch zu sein, und ob das Konsequenzen für uns haben wird?
- Gab es Situationen, in denen ich mich wegen meiner Konfession kritisiert fühlte?
- Wann gab es zum ersten Mal eine heftige Diskussion über dieses Thema? Oder: War dieses Thema eigentlich nur unterschwellig präsent, ohne dass wir es ausdrücklich thematisiert haben?
- Was hätte anders verlaufen können, wenn wir beide das Thema konsequenter und früher aufgegriffen hätten?
- Wann haben wir das erste Mal über die Taufe unseres Kindes/ unserer Kinder gesprochen?
- Gab/Gibt es Erziehungssituationen, in denen ich typisch „katholisch" oder typisch „evangelisch" argumentiere?
- Ärgert es mich, dass mein Partner anders argumentiert?
- Wenn ich es im Nachhinein beurteile, habe ich es unterschätzt, eine evangelisch-katholische Partnerschaft einzugehen?
- Was würde ich heute anders machen?
- Wo muss ich mich mit meiner Situation versöhnen? Wo fällt es mir leicht – wo fällt es mir schwer?
- Was würde ich jungen Paaren raten?
- Was gewinnen wir als Partner füreinander, weil wir evangelisch und katholisch sind?
- Was gewinnen unsere Kinder dadurch, dass sie in einer evangelisch-katholischen Familie aufwachsen?

Für die Gestaltung des Familienlebens ist es wichtig, gemeinsame Aktivitäten zu pflegen. Die Pflege von Ritualen in der Familie, das Feiern von Festen und die sonstige Ausgestaltung religiöser Erziehung der Kinder, beispielsweise in Form des Erzählens biblischer Geschichten oder gemeinsamen Betens, ist dabei nicht in erster Linie von der Konfession der Eltern abhängig. In der Familie bringen beide Eltern ihre bisherigen Erfahrungen und Prägungen ein, die sich im religiösen Bereich eben nicht nur in der Intensität unterscheiden können, sondern in konfessionsverbindenden Familien auch in der konfessionellen Prägung. Dies kann auch als Chance verstanden werden. Die Frage wie religiöse Erziehung alltagstauglich wird, ist bereits reflektiert worden (vgl. oben, S. 49ff.). Rituale sind dabei von größter Bedeutung, weil sich in ihnen konfessionelle Bedeutungen, Schwerpunkte und Erfahrungen kommunikativ weiter tradieren. Von evangelischen Eltern wird bisweilen bewusst nach solchen Ritualen gesucht, weil sie in der eigenen Tradition einen entsprechenden Mangel empfinden. Dies ist auch eine Weise der konfessionellen Kooperation und einer zukunftsfähigen ökumenischen Handlungsebene.

Gemeinsame Aktivitäten können auch im Kontakt zu einer Kirchengemeinde fortgesetzt werden, beispielsweise durch gemeinsamen Gottesdienstbesuch oder bei ökumenischen Angeboten. Hier wird von ganz unterschiedlicher Offenheit der jeweiligen Kirchengemeinden gegenüber konfessionsverbindenden Paaren berichtet. Während die Aufnahme von Ehepartnern der anderen Konfession bei den meisten Gemeinden selbstverständlich scheint – so singen z. B. einige der befragten Eltern gemeinsam im Kirchenchor einer Gemeinde –, gibt es mancherorts auch Schwierigkeiten bzw. fühlt sich der Partner der anderen Konfession fremd.

Im Blick auf die Kinder erscheint es aufgrund der von den Eltern berichteten Erfahrungen wichtig, spätestens in einem gewissen Alter der Kinder, wenn diese in einer Gemeinde Fuß fassen sollen, einen Schwerpunkt in der entsprechenden Gemeinde zu setzen. Einige Familien pflegen bewusst Kontakt zur evangelischen wie zur katholischen Gemeinde bzw. taten dies eine gewisse Zeit lang. Spätestens in der dritten Klasse wird durch die Erstkommunionvorbereitung – und zunehmend auch durch das in manchen Landeskirchen anzutreffende Modell mit einem ersten Konfirmandenunterricht im Kindesalter – ein erster regelmäßiger Kontakt zur Gemeinde hergestellt. Da ein Heimischwerden auch mit Regelmäßigkeit zu tun hat, ist es sinnvoll, Kinder darin zu unterstützen und etwa gemeinsame Aktivitäten der Familie eher in *eine* Gemeinde zu verlagern.

Empfehlungen zum Weiterlesen

Zu religiöser Erziehung in konfessionsverschiedenen Familien gibt es nur wenige und vor allem keine neueren Veröffentlichungen. Die Publikationen zu dieser Thematik sind vor allem aus den 1960er und 1970er Jahren – so beispielsweise von Molinski (1969), Bovet/Bovet (1969) oder Schicke-Tappe (1979). Außerdem wurden einige Ratgeber für konfessionsverschiedene Ehepaare veröffentlicht. Diese sind meist von entsprechenden Paaren aufgrund eigener Erfahrungen verfasst und gehen auf die Lebenssituation der Paare und Familien ein. Die wohl bekannteste Publikation ist das Buch „Konfessionsverbindende Ehe. Impulse für Paare und Seelsorger" von Beate und Jörg Beyer (1991). Eine umfassende Übersicht über die erwähnten Publikationen zu konfessionsverschiedenen Familien findet sich bei Logemann (2001, 63ff.).

Wir möchten an dieser Stelle einige aktuelle Titel empfehlen, anhand derer Sie das Thema „evangelisch – katholisch" in Ihrer Familie und für sich selbst noch weiter vertiefen können.

- Georg Schwikart, Katholisch und Evangelisch den Kindern erklärt, Butzon & Bercker 2008 (24 S. – 5,00 €)
- Werner Tiki Küstenmacher, Tikis Evangelisch-Katholisch-Buch, Calwer/Pattloch 1996 (32 S. – 9,90 €)
- Michael Meyer-Blanck / Walter Fürst (Hg.), Typisch katholisch – Typisch evangelisch. Ein Leitfaden für die Ökumene im Alltag, cmz / Herder 2007 (304 S. – 16,90 €)
- Walter Fürst / Jürgen Werbick (Hg.), Katholische Glaubensfibel, cmz 2004 (344 S. – 17,90 €)
- Norbert Dennerlein / Michael Meyer-Blanck (Hg.), Evangelische Glaubensfibel, cmz 2006 (208 S. – 9,95 €)
- Albert Biesinger, Kinder nicht um Gott betrügen, Herder [13]2005 (143 S. – 9,90 €)
- Friedrich Schweitzer, Das Recht des Kindes auf Religion, Gütersloher Verlagshaus [2]2005 (141 S. – 14,95 €)
- Friedrich Schweitzer / Albert Biesinger / Jörg Conrad / Matthias Gronover, Dialogischer Religionsunterricht. Analyse und Praxis konfessionell-kooperativen Religionsunterrichts im Jugendalter, Herder 2006 (208 S. – 16,90 €)
- Friedrich Schweitzer / Albert Biesinger in Zusammenarbeit mit Reinhold Boschki / Claudia Schlenker / Anke Edelbrock / Oliver Kliss / Monika Scheidler, Gemeinsamkeiten stärken – Unterschieden gerecht werden. Erfahrungen und Perspektiven zum konfessionell-kooperativen Religionsunterricht, Herder/Gütersloher Verlagshaus 2002 (255 S. – 19,90 €)
- Albert Biesinger / Julia Münch / Friedrich Schweitzer, Glaubwürdig unterrichten. Biographie – Glaube – Unterricht, Herder 2008 (144 S. – 12,95 €)

Von Seiten der Kirchen werden ebenfalls Informationen zur konfessionsverschiedenen Ehe angeboten. Diese Handreichungen, z. B. vom Diözesanrat des Bistums Hildesheim (2006) oder dem Erzbistum Köln (1999), beziehen sich in erster Linie auf die Feier der kirchlichen Trauung und das Eheverständnis in den christlichen Kirchen.

Unterstützungsmöglichkeiten der Gemeinden

Angesichts der zunehmenden Zahl konfessionsverbindender Ehen wird deutlich, dass diese Familien schon lange kein Randthema mehr, sondern Realität in jeder Kirchengemeinde sind, auch wenn dies – noch – nicht in jeder Gemeinde entsprechend thematisiert wird. Wenn eine Generation von jungen Eltern nachkommt, die die Kompetenz erworben hat, sich über konfessionelle Unterschiede, aber auch Gemeinsamkeiten verständigen zu können, Verstehensvoraussetzungen in entsprechende Handlungsmuster in ihren eigenen Familien einzubringen, wird die Verdrängung dieses Problems abnehmen. Dafür sollten aber auch die Gemeinden ihren Beitrag leisten.

Unsere Hypothese ist, dass viele Kinder in konfessionell verbindenden Familien nicht die ihnen zustehende, kompetente religiöse Begleitung und Erziehung bekommen (können), schon einfach deswegen, weil ihre Eltern sich mit diesen Fragen zu wenig oder gar nicht beschäftigt haben.

Angesichts der Situation vieler Familien in den Gemeinden ist es daher auch ein Verdrängungsmechanismus, wenn Gemeinden sich nicht um die konfessionsverbindenden Familien in besonderer Weise annehmen. Die Situationen können dabei verschieden sein. Oft sind es konkrete Anlässe, die sich als Lerngelegenheiten und vor allem auch als Kommunikationsmöglichkeiten geradezu aufdrängen. Ehevorbereitung und Taufvorbereitung, aber auch die Wahl des Kindergartens und der dort realisierten religiösen Erziehung sind konkrete Anlässe, mit den Eltern offen die Profile zu diskutieren. Im Folgenden werden einige biographisch angelegte Kontaktpunkte konfessionsverbindender Familien mit Kirchengemeinden dargestellt und dann Bereiche des allgemeinen Gemeindelebens diskutiert, die auch diese Familien tangieren.

Konfessionsverbindende Ehe- und Erziehungsvorbereitung.
Ein interessantes Praxisprojekt des katholischen Pastoralreferenten Uwe
Bögershausen und der evangelischen Vikarin Anke Edelbrock

In diesem Abschnitt greifen wir Ergebnisse und Erfahrungen aus einem Projekt auf, das Uwe Bögershausen und Anke Edelbrock vor einiger Zeit durchgeführt haben. Wir übernehmen insbesondere die von ihnen erstellten Arbeitsmaterialen und rücken sie in den Zusammenhang unserer eigenen Untersuchungsergebnisse. (Für die Abdruckgenehmigungen bedanken wir uns!)

Biografisch beginnen wir mit der konfessionsverbindenden Ehevorbereitung, Erziehungsvorbereitung und Erziehungsbegleitung in der Gemeinde, wie sie bislang vor allem in katholischen Gemeinden, zum Teil aber auch in evangelischen Gemeinden praktiziert werden. Uwe Bögershausen, katholischer Pastoralreferent, und Anke Edelbrock, evangelische Vikarin, haben ein innovatives Konzept für die Ehevorbereitung auf der Praxisebene entwickelt. Sie plädieren aufgrund ihrer Erfahrungen mit guten Gründen für eine spezifische Profilierung der Ehevorbereitung für konfessionsverbindende Paare. Eine solche Ehevorbereitung kann nach dem Prinzip verstanden werden: „Geeint im Leben – getrennt im Bekenntnis?“.

Die Leitung eines solchen Ehevorbereitungskurses für konfessionsverbindende Paare sollte konfessionell-kooperativ strukturiert sein. Immerhin haben dann die evangelischen und katholischen Teilnehmer jeweils eine Bezugsperson. Sie können gleichzeitig am Modell lernen, wie evangelisch und katholisch argumentiert wird. Dabei wird großer Wert darauf gelegt, gemeinsam auf die bisherigen Erfahrungen zurückzublicken, aber nicht nur dieses, sondern auch auf die gegenwärtige Situation gemeinsam hinzuschauen. Dabei spielt der „Umgang mit dem Verbindenden in der Partnerschaft“ eine große Rolle (Bögershausen 2001, 350). Gleichgewichtig geht es dabei aber auch um den Suchprozess, um zu sehen und wahrzunehmen, was das Paar als trennend erlebt.

Als Beispiel aus der Einheit „Wir blicken auf die gegenwärtige Situation“ kann der vielfältige Themenstrauß dienen, der in einer solchen Ehevorbereitung angesprochen werden kann. Ziel ist es, mögliche Erfahrungsfelder einer konfessionsverbindenden Partnerschaft aufzudecken und bewusst zu machen. Als solche Erfahrungsfelder ergaben sich im Prozess dieser Ehevorbereitung:

- Eheverständnis: Ehe als Sakrament, Unauflöslichkeit der Ehe, Ehescheidung, Wiederheirat nach einer Scheidung.
- Gottesdienstbesuch: katholische Eucharistiefeier, evangelischer Abendmahlsgottesdienst, ökumenischer Gottesdienst.
- Gestaltung des Sonntags in der Partnerschaft und Familie
- Religiöse Erziehung der Kinder: Kindergartenbesuch, Erstkommunion und Firmung/Konfirmation, Religionsunterricht
- Der Gang zum Abendmahl/zur Kommunion
- Beheimatung in der Gemeinde
- Seelsorgerliche Begleitung ihrer konfessionsverbindenden Partnerschaft: vor und nach der Eheschließung
- Gebet: gemeinsam und/oder jeder und jede für sich
- Trauung: evangelisch, katholisch, „ökumenisch" (was es so nicht gibt)
- Die Bedeutung der Bibel
- Taufe: evangelisch, katholisch, christlich
- Gestaltung der kirchlichen Feiertage im Verlauf des Jahres
- Umgang mit Sexualität: Geburtenkontrolle
- Pflege religiösen Brauchtums: Prozessionen, Wallfahrten, Andachten

Diese Themen- und Erfahrungsfelder zeigen bereits, wie interessant, möglicherweise aber auch wie konfliktbeladen eine solche Ehevorbereitung sein kann. Die Themen zeigen zumindest teilweise eine deutliche Entsprechung zu den Themen in den von uns geführten Gesprächen.

Ein Element des genannten Konzeptes ist es, ein „konfessionelles Ehehaus" zu bauen. Die Teilnehmerinnen und Teilnehmer werden dazu in konfessionell getrennten Gruppen angeleitet. Es werden dann die verschiedenen „Ehehäuser" vorgestellt und gemeinsam besprochen (Bögershausen 2001, 352–355). Vorgeschlagene Bausteine für dieses Element sind in nachfolgender Tabelle dargestellt.

112

- Ein Leben lang die Treue halten
- Miteinander den Gottesdienst besuchen
- sich in der Kirchengemeinde einsetzen
- ausschließlich in der eigenen Kirchengemeinde beheimatet sein wollen
- in der Kirchengemeinde der Partnerin/des Partners beheimatet sein wollen
- in beiden Kirchengemeinden beheimatet sein wollen
- sich ökumenisch engagieren
- gemeinsam zum Abendmahl/zur Kommunion gehen
- die Kinder evangelisch erziehen
- die Kinder katholisch erziehen
- die Kinder christlich erziehen
- die Kinder erzieht der Teil, der daheim ist
- miteinander beten
- das geistliche Gespräch pflegen
- Fasten
- evangelische Trauung
- katholische Trauung
- ökumenische Trauung
- das Kind/die Kinder evangelisch taufen lassen
- das Kind/die Kinder katholisch taufen lassen
- das Kind selbst entscheiden lassen, wie es getauft werden möchte
- in der Partnerschaft von katholischer und evangelischer Seite begleitet werden wollen
- in der Partnerschaft von evangelischer Seite begleitet werden wollen
- in der Partnerschaft von katholischer Seite begleitet werden wollen
- religiöses Brauchtum pflegen
- auf religiöses Brauchtum verzichten

- ein Kreuz in der Wohnung aufhängen
- ein Kreuzzeichen machen
- eine Kniebeuge machen – die kirchlichen Feiertage gemeinsam gestalten
- im Bereich der Sexualität auf die religiöse Einstellung der Partnerin/des Partners Rücksicht nehmen
- in der Partnerschaft vor allem auf konfessionelle Identität bedacht sein
- in der Partnerschaft vor allem auf gegenseitige Verständigung bedacht sein
- aus den Sakramenten leben
- an ökumenischen Veranstaltungen teilnehmen
- gemeinsam in der Bibel lesen
- nach Dingen suchen, die konfessionell verbindend sind
- Dinge herausstellen, die den Unterschied der Konfessionen deutlich machen
- Partnerschaftskonflikte durch konfessionelle Unterschiede erklären
- Partnerschaftskonflikte
- Partnerschaftskonflikte außerhalb konfessioneller Unterschiede erklären
- der Klügere gibt nach
- mehr über die Konfession der Partnerin/des Partners erfahren wollen
- das Religiöse aus der Partnerschaft ausklammern
- ernsthaft über eine Konversion nachdenken
- die Gestaltung des religiösen Lebens in der Partnerschaft an dem orientieren, was die eigene Kirche erlaubt
- die Gestaltung des religiösen Lebens an den Bedürfnissen der eigenen Partnerschaft orientieren.

Bei dieser Art der evangelisch und katholisch gemeinsam vorbereiteten und durchgeführten Ehevorbereitung wird auf das Verbindende zwischen den Partnerinnen und Partnern großen Wert gelegt. Ziel ist es, „*Verständigung* zwischen den Partnern, aber ebenso *Identität* hinsichtlich der eigenen konfessionellen" Situation anzustreben (Bögershausen 2001, 355).

Als weiteres Element enthält das dargestellte Konzept den Dokumentarfilm „Evangelisch-Katholisch (Serie)" 4. Trennung bis ins Privatleben (A. Peschke / K.G. Dittelmann, Deutschland 1987, 45 Minuten, F, Dokumentarfilm). Dieser Film bringt neue Thematisierungen, die die Rede von einer „konfessionsverschiedenen Ehe" rechtfertigen. Es wird dabei eine konfessionelle Gegenüberstellung für die Bereiche

– Eheschließung
– Ehescheidung
– Kommunion
– unterschiedliche Kirchengemeindebeheimatung
– Sexualität
– Taufe und Kindererziehung
problematisiert.

Bei den Gesprächen über den Film werden diese Themen konkretisiert und einander gegenübergestellt. Auch hier zeigt sich, dass die Profile Evangelisch und Katholisch in manchem sehr unterschiedlich sind und es sinnvoll ist, sich auch mit dieser Unterschiedenheit auseinander zu setzen.

Grundlage für diese Auseinandersetzung sind Plakate zu den folgenden Themen:

1. Plakat: „Eheschließung"		
katholisch Braut und Bräutigam spenden einander das *Sakrament* der Ehe	*Es gibt keine „ökumenische" Trauung: nur ein Pfarrer hält die Trauung, der andere ist lediglich beteiligt. Signalisiert die Präsenz beider Pfarrer nicht deutlich die Spaltung der Konfessionen am Altar?*	**evangelisch** Ehe auch ohne Altar; standesamtliche Trauung als gültige Eheschließung vor Gott und der Kirche; Ehe als *„weltlich Ding"*: staatliche Gesetzgebung und Eheschließung schafft Voraussetzung für das Zustandekommen einer Ehe; Ehe als Teil der Schöpfungsordnung, aber kein Sakrament, weil der Beweis aus der Schrift fehlt; die Ehe wird aber vom Segen der Kirche begleitet

Viele der von uns befragten Paare legen beispielsweise großen Wert auf die Präsenz von beiden Pfarrern beziehungsweise der Pfarrerin bei der Trauung. Auch sprechen sie oft ausdrücklich von einer „ökumenischen Trauung". Dies ist im Blick auf die konkrete Ehevorbereitung zu differenzieren und gehört zum Selbstverständnis von konfessioneller Kooperation auch in den Familien dazu. Die Präsenz beider Pfarrer muss ja nicht nur die Spaltung der Konfessionen am Altar symbolisieren, sondern kann auch die Gemeinsamkeiten und die Verbindung zwischen den beiden Konfessionen aufnehmen, die für viele Paare klar im Vordergrund steht. Einige Eltern in unseren Befragungen weisen darauf hin, dass sie viele Gemeinsamkeiten in ihrer Familie realisieren und entdecken können. Die Präsenz von beiden Pfarrern – katholisch kann dies auch ein Diakon sein – signalisiert eine Vorstellung von „ökumenischer Trauung" in der Richtung, dass das grundlegende Anliegen der Einheit der Christen betont wird, aber es verschiedene Konkretionen auf dem Weg zur Einheit in versöhnter Verschiedenheit gibt.

2. Plakat: „Ehescheidung"

katholisch	*Ist das evangelische Eheverständnis das menschlichere, das christlichere?*	evangelisch
kein Ausweg nach gültig geschlossener (und vollzogener) Ehe; Zusammenleben mit einer neuen Partnerin/ einem neuen Partner ist Sünde; keine Exkommunikation; Teilnahme am kirchlichen Leben erlaubt, aber keine Zulassung zu den Sakramenten: Eucharistie und Sakrament der Versöhnung		Scheidung nach Scheitern einer Ehe wird anerkannt („Zerrüttungsprinzip"); Möglichkeit zum Neuanfang; Teilnahme an den Sakramenten ist möglich

Ausgehend von den unterschiedlichen Eheverständnissen wird auch das Thema der Ehescheidung und Wiederverheiratung Geschiedener unter den Paaren bei der Ehevorbereitung nach Bögershausen / Edelbrock (Bögershausen 2001) bewusst thematisiert. In einer der von uns befragten Familien zum Beispiel, in der ein Partner bereits einmal kirchlich verheiratet war, kommt es zur Entscheidung, bewusst evangelisch zu heiraten, weil eine zweite Ehe in der katholischen Kirche nicht möglich ist.

3. Plakat: „Interkommunion"

katholisch		evangelisch
Verbot der Teilnahme des kath. Teils am Abendmahl, Priester darf einem evangelischen Christen nur in einer Notsituation die Eucharistie reichen	*Weil es keine Kirchengemeinschaft gibt, gibt es auch keine Abendmahlsgemeinschaft.* *Ist der gemeinsame Gottesdienstbesuch eines konfessionsverbindenden Paares bereits eine Notsituation, die es dem Priester erlauben würde, die Eucharistie auch dem evangelischen Teil zu spenden?*	gewährt katholischem Christ Gastrecht zur Teilnahme am Abendmahl; gestattet Teilnahme eines evangelischen Christen an der Eucharistie

Die Einladung zur eucharistischen Gastfreundschaft wird von der katholischen Kirche im Blick auf evangelische Christinnen und Christen nicht ausgesprochen. Dies zu verdrängen wäre inkompetent. Wir können jedoch aufgrund unserer Befragungen feststellen, dass in konfessionsverbindenden Ehen teilweise durchaus auch der evangelische Partner in der katholischen Kirche zur Kommunion geht, manchmal ohne sich klarzumachen, dass dies gar nicht zulässig ist. Den Eltern ist in der Regel die gemeinsame Erfahrung auch in der Abendmahlsgemeinschaft sehr wichtig. Von den evangelischen Partnerinnen und Partnern wird im Blick auf die katholische Kirche kritisiert, dass sie ausgeschlossen werden. Diese Kritik wird auch von vielen katholischen Partnerinnen und Partnern mitgetragen.

4. Plakat: „Unterschiedliche Kirchengemeindebeheimatung"

katholisch		evangelisch
erwartet wird die Beheimatung des katholischen Teils in der katholischen Kirchengemeinde	*Wie geht man damit um, wenn beide je in ihrer Gemeinde stark engagiert sind?* *Ist um der Bewahrung der Einheit der Partnerschaft willen eine Konversion die optimale Lösung?*	erwartet wird die Beheimatung des evangelischen Teils in der evangelischen Kirchengemeinde

In den von uns befragten Familien hat die Konfessionsverschiedenheit in keiner Weise zur Konversion angeregt. Für die befragten Partnerinnen und Partner ist die Bewahrung der eigenen Konfession offensichtlich doch sehr wichtig. In unseren Befragungen zeigen sich jedoch verschiedene Wege, wie die Familien ihren Gemeindekontakt gestalten – gerade wenn beide Partner je in ihrer Gemeinde engagiert sind. Manche wählen beispielsweise den Weg, abwechselnd in beiden Gemeinden präsent zu sein, und nehmen damit verbundene Konsequenzen – Empfindungen wie „ein ständiges hin und her" oder „nirgendwo richtig daheim" – bewusst in Kauf. Andere entscheiden sich schließlich bewusst für den Kontakt zu einer Gemeinde, um als Familie einen gemeinsamen Bezugspunkt zu haben. In einigen Fällen wird hier auch nach der Ausstrahlungskraft des Pfarrers oder der jeweiligen Ortsgemeinde entschieden. Bei Umzügen kann sich der Gemeindekontakt deswegen auch entsprechend ändern.

5. Plakat: „Sexualität"

katholisch	*Soll sich die Kirche in die intimsten Angelegenheiten eines Paares überhaupt einmischen?*	evangelisch
Ehe muss für Zeugung von Kindern offen sein; Empfängnisverhütung: nur natürliche Methoden der Geburtenkontrolle sind moralisch erlaubt		Appell an die Bereitschaft zum Kind, aber Betonung, dass es auch einen verantworteten Verzicht gibt; kann keine Zeugung verantwortet werden, ist Verhütung erlaubt; Wahl der Verhütungsmittel ist – ausgehend vom Gewissen der Eheleute – freigestellt

Auch unter dem Aspekt von sexualethischen Weisungen der katholischen Kirche ist Kritik festzustellen. Die Diskussion über natürliche oder nicht natürliche Empfängnisverhütung ist aber auch innerkatholisch heftig umstritten, so dass dies im Blick auf die konfessionelle Kooperation keine spezifisch oder allein evangelische Kritik ist.

5. Plakat: „Sexualität"

katholisch	*Worin besteht eigentlich der Unterschied zwischen katholischer und evangelischer Kindererziehung?*	evangelisch
katholischer Teil muss sich verpflichten, das in der konkreten Situation nach bestem Wissen und Gewissen Mögliche zu tun, die Kinder katholisch taufen zu lassen und zu erziehen		die evangelische Taufe wird erhofft; evangelische Christen müssen sich dazu aber weder mündlich noch schriftlich verpflichten

Die befragten Eltern erziehen nach eigenen Aussagen nicht spezifisch evangelisch oder katholisch. Sie versuchen vielmehr, gemeinsam aus ihren beiden Wegen heraus eine religiöse Erziehung zu entwickeln, die für sie stimmig ist. Bei der Ehevorbereitung ist es sehr wichtig, diese Überlegungen zu thematisieren. Je bewusster und offener diese Problempunkte angegangen werden, desto intensiver und frühzeitiger können sich Paare auch mit der auf sie zukommenden Herausforderung der religiösen Kindererziehung auseinandersetzen. Die Aussage „Wir können eh nur das mitgeben, was wir selbst erfahren haben", spricht für diese intensive Thematisierung auch der religiösen Erziehung aus der eigenen Biographie heraus. Im Blick auf die Taufentscheidung ist bei den befragten Eltern festzustellen, dass sie sich durch die kirchenrechtliche Verpflichtung von Seiten der katholischen Kirche, die Kinder katholisch taufen zu lassen, nicht weiter beeindrucken lassen. Darüber setzen sich offenbar viele recht selbstbewusst hinweg. Es sind überwiegend andere Kriterien, die zur Taufentscheidung in der konkreten Konfession führen.

Diese Erfahrungen einer katholisch-evangelisch gemeinsam verantworteten Ehevorbereitung geben kompetente Hinweise für Paare, die konfessionsverbindend ihre Ehe und Familie gestalten wollen. (Weitere Dokumente, Texte, Bilder sind in der Publikation von Uwe Bögershausen 2001, 366ff. zu finden.)

Taufvorbereitung

Ein weiterer biografischer Ansatzpunkt im Kontakt zwischen Familie und Gemeinde ist die Taufvorbereitung.

Bei der Taufvorbereitung können sich Taufeltern an einem oder mehreren Abenden kennenlernen und untereinander austauschen, Angebote der Kirchengemeinde kennenlernen und vor allem die Taufe inhaltlich verstehen sowie die Feier bzw. Elemente der Feier gemeinsam vorbereiten. Wie bereits im vorangehenden Abschnitt diskutiert, bietet die gemeinsame Taufvorbereitung gerade konfessionsverbindenden Eltern die Chance, sich mit der Konfession des Kindes auseinanderzusetzen, und die damit verbundenen Fragen – ausgehend von der Taufthematik – besser zu verstehen. Darüber hinaus ist von besonderer Bedeutung, dass Gemeinden hier sensibel sind für Elternteile der jeweils anderen Konfession wie auch dafür, konfessionsverbindende Familien ganz besonders willkommen zu heißen – über den Tag der Taufe hinaus.

Beide Elternteile sollten bei der Taufe des Kindes sowie bei der Tauf-vorbereitung selbstverständlich gleichberechtigt und voll integriert sein. Diese Lerngelegenheit kann für die junge Familie gleichzeitig auch eine günstige Startposition für den christlichen Weg in der Familie erschließen. Ebenso ist es eine günstigere Ausgangslage für die religiöse Erziehung der Kinder. Versteht man die Taufvorbereitung als konfessionsverbindende Vorbereitung auf die Taufe, dann kann diese gleichzeitig ein „Glaubensupdate für Eltern" werden. Über die Mitarbeit und Mitgestaltung der liturgischen Vollzüge durch den Elternteil mit der jeweils anderen Konfessionszugehörigkeit erschließt sich diesem die Möglichkeit einer rationalen Annäherung.

Die Taufentscheidung sollte bei der Taufvorbereitung mit den Eltern auch im Blick auf die weitere konfessionelle Praxis des Kindes thematisiert werden. Während viele konfessionsverbindende Paare bei der Trauung noch einen gemeinsamen Weg – die evangelisch-katholische Trauung – wählen konnten, gibt es bei der Taufentscheidung diese „Kombination" nicht mehr. Dass dabei die Haltung der Kompromisslosigkeit und eine gemeinsame Entscheidungsfindung in Spannung zueinander geraten, ist ebenfalls zu thematisieren. Für diesen Austausch sind die sich aus unserer Befragung ergebenden Entscheidungskriterien bzgl. der Konfession des Kindes/der Kinder sehr hilfreich: die Konfessionszugehörigkeit des religiöseren Elternteiles – die Konfessionszugehörigkeit dessen, der erzieht – evangelisch, weil nicht katholisch – der Einfluss der Verwandtschaft (vgl. oben, S. 34ff.). Im Blick auf die Entscheidung für die Kindererziehung sind Erfahrungen, emotionale Bindungen und die Ausstrahlung der konkreten katholischen oder evangelischen Gemeinde – meist konnotiert auch mit der Person des Pfarrers oder der Pfarrerin – von entscheidender Bedeutung. Mit den Eltern ist zu reflektieren, wie sie mit dem immer wiederkehrenden Muster umzugehen planen, dass derjenige Partner, der stärker in seiner Religion oder Konfession verwurzelt ist, die religiöse Kindererziehung übernimmt. Dabei spielen die eigenen biografischen Erfahrungen ebenso eine große Rolle wie die Tatsache, wer sich mehr um das Kind kümmert und damit auch die Hauptverantwortung für die Erziehung im Alltag übernimmt. Dies würde im Blick auf die konfessionelle Erziehung der Kinder in der Familie zwar einen zufälligen – willkürlich anmutenden – Zug erbringen. Allerdings ist es im Blick auf die Qualität der religiösen Familienerziehung doch von entscheidender Bedeutung, dass authentisch und mit innerer Überzeugung religiös erzogen und begleitet wird. Nicht zu unterschätzen ist auch eine Thematisierung der gelegentlich verdrängten, aber in der Partnerkommunikation bedeutsamen, manchmal störenden Frage: Wer setzt sich durch? Dies ist bisweilen vernetzt mit anderen Ebenen der Partnerkommunikation, in der es ja auch um die Frage nach der Durchsetzung in anderen Bereichen gehen kann. Die Einschätzung eines Paares, dass die evangelische Kirche „lockerer" als die katholische sei, kann in der Begleitung solcher Eltern ebenfalls thematisiert werden. Tatsächlich gibt es für Menschen verschiedene Mentalitäten Kommunikationsformen und Rituale, mit denen sie besser weiterkommen als mit andern. Die Entgegensetzung von evangelisch gleich „locker" und katholisch gleich „streng" taucht in vielen Gesprächen auf. Dies ist zumindest als Signal für die weitere konfessionelle Kooperation ernst zu nehmen. Kritik kann sich dabei gegen beide Zuschreibungen wenden: Manche Kritik geht im Blick auf evangelisch ja gerade dahin, dass es „zu locker" sei, und im Blick auf die katholische Kirche ist weltweit eine differenzierte Auseinandersetzung im Gange, wie „streng" vorzugehen sei, damit die katholische Kirche weltweit nicht auseinanderbreche.

Kooperation evangelischer und katholischer Gemeinden

Die zunehmende Anzahl konfessionsverschiedener Familien ist auch ein weiteres Argument für ökumenische Bemühungen zwischen Kirchengemeinden, die vielerorts bereits selbstverständlich sind. Evangelische und katholische Kirchengemeinden können auf verschiedenen Ebenen kooperieren. Dazu einige Beispiele:
- ökumenische Gottesdienste,
- ökumenische Krabbelgruppen,
- ökumenische Gesprächskreise,
- ehrenamtliche Dienste in Krankenhäusern, Alten- und Pflegeheimen.

Herauszuheben sind entsprechend zwei Modelle, die vielerorts in unterschiedlichen Ausgestaltungen praktiziert werden: das Modell der gegenseitigen Unterstützung und das Modell der Gastfreundschaft. Diese Gastfreundschaft kann sich beispielsweise bei der Kirchenmusik darin ausdrücken, dass in Chören und Musikgruppen die Mitgliedschaft nicht an Konfession oder Gemeindezugehörigkeit gebunden ist. Sie kann ihren Ausdruck aber auch in der Offenheit für anderskonfessionelle Kinder im Bereich der Kinder- und Jugendarbeit (z. B. Mini-Club, Besuch der Kinderkirche bzw. des Kindergottesdienstes, Mitarbeit in der Kinderkirche, Pfadfinder, Jugendgruppen) oder der Offenheit von Gemeindemitgliedern im Umgang mit dem anderskonfessionellen Elternteil gewinnen, um nur einige Beispiele zu nennen.

Die gemeinsame Entscheidung konfessionsverschiedener Familien für eine konkrete Kirchengemeinde, aber auch die Entscheidung, in beiden Kirchengemeinden zu kommunizieren, ist ein Thema, das von Kirchengemeinden angegangen werden sollte. Vielerorts ist eine individuelle Auswahl aus den Möglichkeiten verschiedenster Kirchengemeinden heute gängig. Kann dies auch eine positive Herausforderung und eine erstzunehmende Perspektive für die Gemeinden sein? Darüber wäre zumindest eigens zu sprechen.

Der Kindergarten und seine Aufgabe der Begleitung

In manchen Fällen entscheiden sich die von uns befragten Eltern bewusst für einen Kindergarten in kirchlicher Trägerschaft und folgen dabei der Konfessionszugehörigkeit des Kindes. Vielfach wird die Entscheidung aber eher an praktischen Kriterien ausgerichtet – etwa der Nähe der Einrichtung oder der pädagogischen Qualität oder auch – wie zumindest in einem Fall – weil vom katholischen Kindergarten eine „wirkliche Glaubenserziehung" erwartet wird. Vor Ort wird sich in der Regel die Qualität von Kindertagesstätten unter Eltern herumsprechen. Dass dabei auch die religiöse Erziehung ein Kriterium sein kann, ist zu wünschen; dies muss sich aber nicht auf die konfessionelle Ebene beziehen. Bisweilen werden in konfessionsverbindenden Familien auch Gegenpole aufgebaut, um auszugleichen: Wenn zum Beispiel das evangelische Kind in den katholischen Kindergarten geht, wird der evangelische Gottesdienst besucht.

Zu wünschen ist eine größere Sensibilität der Einrichtungen für die Situation konfessionsverbindender Familien. Die Gespräche mit den Eltern hinterlassen nicht den Eindruck, dass sich der Kindergarten seiner Aufgabe der Begleitung von Kindern und Eltern in dieser Hinsicht ausreichend bewusst ist. Dabei gilt auch in diesem Falle, dass die Erzieherinnen sich vermutlich die Unterstützung durch die Kirchengemeinde wünschen, falls es sich um einen konfessionellen Kindergarten handelt, oder dass sich beispielsweise auch ein kommunaler Träger entsprechender Aufgaben bewusst wird.

Gestaltungsfrage Kinder- und Jugendarbeit

Hinsichtlich der Gestaltung von Kinder- und Jugendarbeit ergeben sich angesichts des dargestellten Modells der Gastfreundschaft und der Offenheit immer wieder Fragen aus der konkreten Praxis. Aus unseren Interviews ist hier etwa das Beispiel des katholischen Mädchens in Erinnerung zu rufen, das jahrelang die evangelische Kinderkirche besucht hat und nun – da seine evangelischen Freunde nach der Konfirmation ins Leitungsteam wechseln – (wie vermutlich auch die Leiterin der Kinderkirche) vor der Frage steht, ob es dort auch weiterhin mitarbeiten kann. Ein anderes Beispiel ist das Interesse eines evangelischen Mädchens am Ministrantendienst seiner besten Freundin, weswegen es ebenfalls gerne Ministrantin werden würde bzw. es schade findet, dass es das „bei uns nicht gibt".

An diesen Beispielen wird deutlich, dass es einen großen Bereich gibt, in dem sich Gastfreundschaft ohne weiteres praktizieren lässt – sei es in Kinder- und Jugendchören, in Jugendgruppen verschiedenster Art oder beim Besuch von Kindergottesdiensten –, dass es andererseits aber auch Fragen gibt, bei denen dies schwierig wird. So lässt sich der Ministrantendienst nicht einfach für evangelische Kinder öffnen und katholische Kinder können nicht einfach mit den evangelischen Freunden aus der Kinderkirche den Konfirmandenunterricht besuchen. Hier gilt es, sensibel mit den Bedürfnissen der Kinder umzugehen, diese in ihren Anliegen auch nicht einfach abzuweisen, sich zu bemühen, gegebene Schwierigkeiten für die Kinder nachvollziehbar zu machen und gemeinsam nach Lösungen im Einzelfall zu suchen.

Erwachsenenbildung

Im Bereich der Erwachsenenbildung existiert vielfach Interesse an Angeboten zu den Themen (religiöse) Erziehung, Familie und Glaube. Auch diese sind meist offen für Angehörige beider Konfessionen. Im Blick auf die religiöse Erziehung in konfessionsverbindenden Familien ist aufgrund unserer Ergebnisse beispielsweise darauf hinzuweisen, dass die befragten Eltern ihre Kinder nicht in eine bestimmte Richtung drängen wollen. Für mehrere Eltern ist bei der religiösen Erziehung das eigene Interesse des Kindes an religiösen Fragen ausschlaggebend. Dies ist im Blick auf die Vorschläge, wie Eltern sich gegenseitig unterstützen, und auch im Blick auf die Gemeinden wichtig. Es gibt derzeit offenbar eine wachsende Anzahl von Eltern, die mit der Situation konfrontiert sind: „Hilfe, mein Kind ist fromm".

Ein WDR–Fernsehfilm zu diesem Thema hat diese Situation sehr gut aufgegriffen („Hilfe, mein Kind ist fromm", Heike Häcke, Deutschland: WDR, 1998, 30 min., Dokumentarfilm; der Film kann ausgeliehen werden über: Katholisches Filmwerk GmbH, Ludwigstr. 33, 60327 Frankfurt und über die evangelischen Medienzentren, z. B. Nordelbische Medienzentrale im Pädagogisch-Theologischen Institut, Königstr. 54, 22767 Hamburg). Dass Kinder von sich aus ihre Eltern im Blick auf religiöse Fragen herausfordern, ist für manche Eltern ein Problem. Diese Herausforderung kann aber produktiv gestaltet werden. Im Blick auf diese interessante, weil ja auch in einer neuen Weise motivierenden Ausgangslage stellt sich um so mehr die Frage nach der Unterstützung der Eltern im Blick auf ihre religiöse Begleitung der Kinder in der Familie. Dies ist insbesondere eine Anfrage auch an die Kindertagesstätten, die Gemeinden, darüber hinaus aber auch im Blick auf die Vorbereitung auf die Taufe, die Erstkommunion und die Konfirmation/Firmung. Dass es dabei bisweilen um zaghafte Versuche geht, sich auch religiös im Blick auf die Kommunikation mit den eigenen Kindern weiter zu entwickeln, liegt auf der Hand. Aber in vielen Bereichen der Erziehung entstehen neue Kompetenzen durch „learning by doing".

Dass es den von uns befragten Eltern wichtig ist, den Kindern den Glauben vorzuleben und ihnen die Gemeinsamkeiten zwischen den Konfessionen zu erschließen, ist ebenfalls eine positive Herausforderung für die Elternbildung. Diese Eltern sind motiviert, eventuell auch provoziert durch die konkrete Situation, die sie leben und die sie ihren Kindern entsprechend auch eher verständlich machen wollen und möglicherweise auch eher müssen als Eltern, die konfessionsgleich sind. Daher empfehlen sich spezielle Angebote für konfessionsverbindende Familien bzw. Paare – je nach Relevanz innerhalb einer Gemeinde regelmäßig oder als Themenabend.

Einige Beispiele für Erwachsenbildung auf Gemeindeebene, die auch besonders für konfessionsverschiedene Paare interessant sind, sollen hier genannt werden:

– „Glaubensupdate für Eltern",
– Forum für konfessionsverbindende Familien/Paare,
– Erstkommunion als Familienkatechese.

Mit Blick auf die Familie ist ein weiteres wichtiges Feld der Erwachsenenbildung die – katholisch gesprochen – Sakramentenkatechese im Bereich der Taufe und der Erstkommunion bzw. die Vorbereitung auf die Konfirmation. Auf dem Weg zur Taufe sind die Eltern als Erwachsene auch in ihrer eigenen Glaubensrealisierung herausgefordert. Findet die Taufe in der evangelischen Gemeinde statt, so wird der katholische Partner entsprechend mit dem evangelischen Zugang vertraut und umgekehrt. Bei der Vorbereitung auf die Erstkommunion ist im katholischen Bereich die Bedeutung der Eltern auch für die religiösen Familiengespräche zu Eucharistie anhand von entsprechenden innovativen Lernkonzepten weit verbreitet. Damit wird auch der evangelische Partner herausgefordert sich entsprechend zu beteiligen. In der konkreten Praxis des Weges „Erstkommunion als Familienkatechese" (vgl. Biesinger u. a. 2005) sind die Eltern zu monatlichen Elterntreffen eingeladen, an denen vielfach auch die evangelischen Partner der Kommunionfamilie – oft ganz bewusst – teilnehmen. Eine evangelische Mutter beschrieb ihre Motivation zur Teilnahme so: „Ich möchte, wenn mein Kind zur katholischen Kommunion geht, wissen, um was es dabei geht und wie es vorbereitet wird. Gleichzeitig lerne ich auch die katholischen Symbole besser verstehen und kann dadurch mein Kind auch entsprechend anders begleiten." Wenn die evangelische und die katholische Gemeinde offen sind für solche Lernprozesse, dann wird dies der Intensivierung der religiösen Erziehung in den Familien nur gut tun. In den evangelischen Gemeinden, in denen die Kinder nach dem Konzept „Konfi 3" analog zur Erstkommunion in der dritten Klasse der Grundschule auf das Abendmahl vorbereitet werden, kann die Einbeziehung des katholischen Elternteiles ebenso zu interessanten Wahrnehmungen und Reflexionen führen.

Im Bereich der Entscheidung für die Erstkommunion zeichnet sich derzeit durch die Konzeption „Erstkommunion als Familienkatechese" eine Einbeziehung der konfessionsverbindenden Eltern ab. Bisweilen nehmen evangelische Elternteile – wie gesagt – ganz bewusst an der Kommunionvorbereitung teil, um die katholischen Rituale besser verstehen zu können. Daraus ergibt sich die Frage, ob evangelische Eltern eine katholische Kommuniongruppe leiten sollen. Einige Erfahrungen zeigen, dass dies dann möglich ist, wenn ein katholischer Elternteil die Gruppe gemeinsam mit dem evangelischen Elternteil leitet. Zu bedenken bleibt allerdings, dass sich gerade das Verständnis von Abendmahl und Eucharistie deutlich unterscheiden. Bei Elterntreffen kommt es vermehrt zu einer offenen Diskussion über eigene biografische Erfahrungen mit dem Christentum und mit religiöser Erziehung, die bisweilen sehr nachdenklich macht und berührend ist.

Interessanterweise nennen die befragten Eltern bei den Gesprächen keine Unsicherheiten, die mit der unterschiedlichen Konfessionszugehörigkeit zusammenhängen. Demnach ist für die Unterstützung der Eltern fundamentaler anzusetzen: Was gewinnen Kinder durch religiöse Erziehung? Was ist der Sinn-Überschuss der religiösen Erziehung im Vergleich zu nicht-religiöser Erziehung? Auch ist danach zu fragen (vgl. oben, S. 73ff.), ob die Spannungen oder Konflikte in konfessionsverbindenden Familien möglicherweise unterbewusst ein Vermeidungsverhalten und damit eine Zurückhaltung bei der religiösen Erziehung erzeugen.

Sehen Eltern die religiöse Erziehung allein als Aufgabe der Familie an, brauchen sie insofern auch Begleitung und Unterstützung, weil die bei der Taufe gegebenen Versprechen auch mit Unterstützung der Kirchengemeinden einlösbar sind. Dies gilt auch für diejenigen Familien, die die religiöse Erziehung als Sache der Familie, aber auch mit Bezug zur Kirchengemeinde ansehen.

Ganz offen zu besprechen ist in der Begleitung und Unterstützung der Eltern schließlich auch die Perspektive, dass es zu der Erfahrung kommen könnte, „nirgendwo richtig daheim zu sein" (vgl. oben, S. 54ff.).

Themen auf der Ebene der Kirchen

Einige der befragten Familien wünschen sich für ihre Situation auch ein Handeln der Kirchen. Allgemein sollen demnach trennende Hindernisse – vor allem seitens der katholischen Kirche – abgebaut werden. Ein besonderer Wunsch wird immer wieder im Blick auf das gemeinsame Abendmahl formuliert. Die Unmöglichkeit, dieses in katholischen Gemeinden gemeinsam zu feiern, stellt für viele Eltern das größte Hindernis dar. Hier endet die Möglichkeit, gemeinsam einen Weg für die Familie zu finden. Mit dieser Situation gehen die Familien – und auch die Gemeinden – unterschiedlich um. Gleich bleibt der Wunsch nach der Möglichkeit des gemeinsamen Abendmahls.

Die Makroebene der konfessionellen Kooperation wird derzeit kritisch gesehen. Die Einschätzung von Papst Benedikt XVI., dass die protestantischen Kirchen nicht „Kirche" seien, hat von katholischer Seite aus zu Recht Irritationen ausgelöst. Unsere Einschätzung ist, dass die evangelische Kirche selbstverständlich Kirche ist, aber bewusst in einem anderen Sinne als die katholische Kirche. Die evangelische Kirche will deshalb gar nicht „Kirche" im Sinne der katholischen Kirche sein. Die wechselseitige Anerkennung der Kirchen – auch von der katholischen Kirche her – bleibt jedoch eine Herausforderung für die Ökumene. Auf der anderen Seite erbringt eine zu starke Profildiskussion und Abgrenzungsdebatte aus evangelischer Sicht gegenüber der katholischen Kirche ebenfalls Irritationen.

Eine interessante Perspektive stellt sich ein, wenn man von den Familien her die Zukunft der Ökumene reflektiert: Wenn Eltern in ihrem familiären Zusammenhang so denken, wie wir es in unseren Befragungen belegen können, wird von der „Basis her" in der Zukunft eine neue Konstellation entstehen. Die Dialoge auf kirchenamtlicher Ebene diskutieren eine andere Dringlichkeit und Relevanz, als die Familien dies für sich selber wahrnehmen und empfinden. Die Gemeinden vor Ort arbeiten in der Regel bereits erheblich vernetzter zusammen und in diesem Sinne ergeben sich auch für konfessionsverbindende Familien Räume gemeinsamer christlicher Erfahrungen in der jeweils anderen Konfession. Dies weiterhin zu unterstützen ist fernab aller Ideologien ein wichtiges Anliegen auf dem Weg zu einer Einheit in Verschiedenheit. Von da her gesehen sind religionspädagogische Forschungen wie die unsere gleichzeitig auch ein Signal für Veränderungen, die sich in den nächsten Jahren und Jahrzehnten auch für die konfessionelle Kooperation zwischen der evangelischen und katholischen Kirche in Deutschland auswirken werden. Diesen Prozess offensiv und kompetent zu begleiten wird für beide Kirchen langfristig von großer Bedeutung sein.

Die Verantwortung des schulischen Religionsunterrichts für die Themen Familie und religiöse Erziehung

Die Schule soll den Schülern ermöglichen, wichtige Kompetenzen für die Bewältigung des Lebens zu erwerben. Sie soll dazu qualifizieren, gegenwärtige und zukünftige Lebenssituationen bestehen und menschlich anspruchsvoll gestalten zu können.

Dass ausgerechnet der Bereich der Erziehung in den schulischen Bildungsplänen kaum thematisiert wird, ist überraschend und müsste rasch korrigiert werden. Wenn man im Blick auf die Familienreligiosität und die Kompetenzen, die eigenen Kinder später religiös begleiten zu können, vor allem den Religionsunterricht in die Pflicht nimmt, dann sind auch hier die Bildungspläne kritisch zu durchforsten. Erste Unterrichtsversuche in der Oberstufe von Gymnasien zeigen bereits, dass Schülerinnen und Schüler – ganz gegen die in der Regel geäußerten Bedenken und Erwartungen – an dieser Thematik großes Interesse zeigen. Zunächst würde man ja denken, dass für 17/18-jährige Jugendliche das Thema Kindererziehung lebensgeschichtlich und auch zeitlich (noch) weit weg ist. Die Unterrichtsergebnisse belegen das Gegenteil.

Wenn man die nachwachsende Generation im Blick auf religiöse Begleitung und religiöse Praxis in ihrer zukünftigen Familie entsprechend begleitet, dann stellt sich in unserem ökumenischen Kontext im deutschsprachigen Raum von vorneherein die Aufgabe, auch konfessionsverbindende Paarbildungen und Familien ausdrücklich und kompetent zu thematisieren. Dabei zeigt sich religionspädagogisch, dass in einem solchen Lernprozess hochinteressante Themenprofile zur Sprache kommen können und müssen. Die Themenstellungen, die sich bei einer konfessionsverbindenden Ehevorbereitung abzeichnen, können auf schulpädagogisch entwickelter Ebene ebenfalls erprobt werden, ohne dass dem Unterricht dabei ihm fremde Aufgaben aufgebürdet werden sollen.

Gerade wenn man im konfessionell-kooperativen Religionsunterricht an entscheidende lebensweltlich interessante Themen herangehen möchte, sind es solche Themen, die die Schüler später bei einer entsprechenden Partnerwahl ganz persönlich betreffen und mit denen sie entweder große Probleme bekommen oder denen sie eben entsprechend ausweichen.

In diesem Sinne wären sowohl Religionslehrerinnen und Religionslehrer als auch Gemeinden angefragt, solche Situationen aufzugreifen. Religionspädagogisch ist es am einleuchtendsten, am Beispiel persönlich relevanter Themen Unterschiede und Gemeinsamkeiten zwischen katholisch und evangelisch zu analysieren, zu verstehen und entsprechende Konsequenzen für das eigene Leben zu ziehen. Interessant wäre dann vor allem, in einer solchen Unterrichtseinheit Paare, die diese Situation leben, als Expertinnen und Experten einzuladen und damit auch wiederum konkrete alltägliche Praxissituationen reflektieren zu können.

Im schulischen Religionsunterricht wären die Grundlagenthemen der konfessionellen Kooperation – wie Maria, Sakramente, Kirchenstruktur, Gottesdienstformen – offensiv zu thematisieren (vgl. Biesinger / Münch / Schweitzer 2008). Nur dadurch sind Verstehensprozesse möglich; die immer wieder auftauchende Tendenz zur Nivellierung der Unterschiede bringt wenig Verständniskompetenzen, geschweige denn Handlungsorientierungen.

Im Kontext des konfessionell-kooperativen Religionsunterrichts in der Grundschule ist die Kommunikation mit den Eltern besonders wichtig. Gerade für konfessionsverbindende Familien ist der konfessionell-kooperative Religionsunterricht eine besondere Chance, auch mit dem Kind zuhause diese Themen zu vertiefen und mit ihm darüber ins Gespräch zu kommen. Wenn konfessionelle Kooperation in der Grundschule begonnen wird, ist die Information und das Gespräch mit den Eltern nicht eine beliebige Entscheidung, sondern dringend angesagt. Will man die besonderen Chancen des religiösen Lernens für Kinder und ihre Eltern aufgreifen, sind solche Anlässe also von hoher Bedeutung.

Eltern in konfessionsverbindenden Familien sehen darin oft eine kompetente Unterstützung ihrer eigenen Suchprozesse. Gerade in Gegenden, in denen die Konfessionsverschiedenheit auch quantitativ vorherrscht, müsste etwa bei Elternabenden in der Schule zum Thema konfessionell-kooperativer Religionsunterricht diese Herausforderung angenommen werden. Aber auch in Situationen, in denen eine Konfession regional bedingt in der Minderheit ist, ist es umso wichtiger, dass diese nicht einfach „untergebuttert" wird, weil die Mehrheitskonfession selbstbewusst das Sagen hat und auch behalten will. So entsteht kein gegenseitiges Verständnis, und vor allem hat dies mit einem kompetenten Bildungsanspruch und Bildungskonzept nichts zu tun.

Unsere Untersuchung im Überblick

Die vorausgegangenen Ausführungen beziehen sich immer wieder auf Interviews mit konfessionsverschiedenen Elternpaaren. Diese Interviews wurden im Rahmen einer Studie der *Stiftung Gottesbeziehung in Familien* geführt, die wir im Folgenden in einem knappen Überblick beschreiben.

Zwischen August 2006 und Februar 2007 wurden insgesamt 24 konfessionsverschiedene Elternpaare in Baden-Württemberg zu religiöser Erziehung und religiösem Familienleben befragt. Im darauffolgenden Jahr wurden die Interviews ausgewertet.

Im Folgenden wird zunächst der Forschungskontext der Untersuchung kurz erläutert und anschließend die Studie in ihrer Zielsetzung sowie in ihrer Vorgehensweise und Methodik dargestellt.

Zum Forschungskontext der Untersuchung

Insgesamt liegen nur wenige empirische Untersuchungen zur Situation konfessionsverschiedener Familien vor.

Eine Studie von Peter Lengsfeld (1984) beschäftigt sich mit der Frage, wie in konfessionsverschiedenen Ehen eheliche Stabilität erreicht wird und ob diese Ehen in Zusammenhang mit kirchlicher Entfremdung stehen. Die Studie kommt zu dem Ergebnis, dass die Kirchen einen negativen Einfluss auf den ehelichen Stabilitätsprozess wie auf den kirchlichen Entfremdungsprozess haben (S. 13f.). Für die Erhebung der Daten wählten die Autoren ein qualitatives Vorgehen. In Form von narrativen Interviews wurden 50 evangelisch-katholische Ehepaare befragt. Die Untersuchung beinhaltet sowohl biographische als auch thematische Analysen – zu den Bereichen Kirchenbindung und Kirchenbild, Abendmahl und Kommunion, Einstellung zur Beichte. Erstmals bietet eine Studie damit empirische Daten, die Einblicke in individuelle Positionen konfessionsverschiedener Ehepartner geben. Jedoch ist zu beachten, dass die Datenerhebung im Jahr 1978, und damit bereits vor 30 Jahren, stattfand.

Eine neuere Untersuchung des Soziologen Niels Logemann (2001) beschäftigt sich ebenfalls mit konfessionsverschiedenen Familien, indem sie der Frage nachgeht, welche Bedeutung der Konfessionsverschiedenheit heute in konfessionsverbindenden Familien und im Zusammenhang des Entstehens möglicher Konflikte in den Familien zukommt. Angesichts der bislang unzureichenden Datenlage wählte Logemann eine Kombination unterschiedlicher methodischer Zugänge: Gruppendiskussionsverfahren, qualitative Interviews sowie eine standardisierte Erhebung anhand eines Fragebogens, wobei letztere die Haupterhebungsmethode darstellte (S. 114). Die Ergebnisse der Gruppendiskussionen, die mit Studierenden zum Thema „Die Einstellung der Studierenden zu Ehen, in denen die Partner nicht derselben Konfession angehören" durchgeführt wurden, dienten in erster Linie der Entwicklung des Interviewleitfadens. Im Rahmen der qualitativen Interviews wurden 22 Elternpaare befragt, bei deren Auswahl das einzige Kriterium war, dass genau ein Ehepartner evangelisch ist. Konfessionsverschiedenheit wurde hier also so verstanden, dass auch Religionsverschiedenheit und Konfessionslosigkeit einbezogen wurden. Entsprechend bestand die Stichprobe für die qualitative Erhebung aus zehn evangelisch-katholischen Paaren, neun evangelisch-konfessionslosen Paaren, zwei evangelisch-islamischen Paaren und einem evangelisch-jüdischen Paar (S. 132). Daneben wurden 371 Fragebögen, die von konfessionsverschiedenen Paaren (je getrennt) oder nur einem Partner ausgefüllt wurden, in die Auswertung einbezogen. Sowohl die qualitative als auch die quantitative Erhebung beruht auf Personen, die sich zur Teilnahme an der Studie gemeldet hatten – sog. Selbstmeldern – und von denen daher anzunehmen ist, dass sie an der Thematik interessiert sind, so dass die Ergebnisse nicht repräsentativ für die Gesamtbevölkerung sind. Ein Ergebnis der Befragungen Logemanns, die sich fast ausschließlich auf die Region Weser-Ems beziehen, ist, dass in konfessionsverbindenden Ehen weit weniger Konflikte auftreten, als bislang angenommen wurde, und dass sie von den Partnern positiv wahrgenommen werden. Beispielsweise zeigen die Ergebnisse in Blick auf den Ablauf des Entscheidungsprozesses zur Taufkonfession der Kinder, dass in der Mehrheit der Fälle konsensuelle Entscheidungen getroffen werden, oft in Verbindung mit der Konfession der Mutter (S. 210). Logemann interpretiert die Wahl der Taufkonfession anhand seiner Befunde nicht als Zeichen des Durchsetzens von Macht, sondern als „Bewahren und Aufrechterhalten von Kontinuität über den Verweisungszusammenhang von Trau- und Taufkonfession" (S. 211).

Hinsichtlich religiöser Erziehung ergeben sich in Logemanns Untersuchung ebenfalls keine Schwierigkeiten für konfessionsverbindende Familien. Sie scheinen diesen möglichen Konfliktbereich gar nicht als solchen wahrzunehmen: „Religiöse Erziehung wird (...) nicht zur konfessionellen Machtfrage zwischen den Partnern, sondern es werden jene Traditionen fortgesetzt, die in der eigenen Vergangenheit als positiv erlebt wurden" (S. 233).

Zielsetzung der Studie

Da die Anzahl evangelisch-katholischer Elternhäuser zunimmt, bislang aber kaum Informationen über die religiöse Erziehung dort vorliegen, war es der *Stiftung Gottesbeziehung in Familien* ein Anliegen, in einer qualitativen Studie zunächst einen Einblick in die Situation konfessionsverschiedener Familien heute zu bekommen. Entsprechend stellt die Studie keine repräsentative Befragung konfessionsverbindender Familien dar – und kann daher auch keine verallgemeinernden Aussagen treffen –, sondern sie will ausgehend von einem explorativen Zugang mehr über die Situation konfessionsverbindender Familien erfahren: Wie gestaltet sich hier religiöse Erziehung und religiöses Familienleben? Welche Erfahrungen machen diese Familien? Vor welche Schwierigkeiten sehen sie sich gestellt? Oder ist Konfessionsverschiedenheit heute „kein Thema" mehr?

Anhand konkreter Beispiele sollten exemplarische Fragen und Themen aufgegriffen werden, um diese religionspädagogisch zu diskutieren und ausgehend von den durch die Eltern formulierten Bedürfnissen Hilfestellungen für Familien geben zu können wie auch Unterstützungsmöglichkeiten – z. B. für Gemeinden – aufzuzeigen.

Darstellung der Vorgehensweise

Über einen Zeitraum von sieben Monaten wurden 24 konfessionsverschiedene Elternpaare aus Baden-Württemberg (im größeren Umkreis von Stuttgart/Tübingen) befragt. Die Auswahl der Elternpaare erfolgte über die Ansprache von Pfarrämtern und von Privatpersonen, um Familien sowohl mit als auch Familien ohne Gemeindekontakt zu erreichen. Grundsätzlich wurde eine möglichst kontrastierende Zusammensetzung der Stichprobe angestrebt – neben der Variation der Kirchennähe galt dies auch in Bezug auf andere Aspekte wie das Alter der Kinder bzw. der Eltern, die Verteilung der Konfessionen bei Eltern und Kindern (inkl. nicht getaufte Kinder), den Wohnort (Stadt/

Land) sowie die konfessionelle Minderheits-/Mehrheitssituation am Wohnort.

Die Interviewpartnerinnen und -partner waren zum Zeitpunkt der Befragung zwischen 25 und 50 Jahre alt und hatten mindestens ein Kind im Kleinkind-, Vorschul- oder Schulalter (bis 15 Jahre). In vierzehn Familien gehört der Vater der evangelischen, die Mutter der katholischen Kirche an, in zehn Familien ist die Konfessionsverteilung der Eltern umgekehrt. In beiden Gruppen finden sich Familien, die sich für die evangelische Taufe ihrer Kinder entschieden haben, wie auch Familien, die sich für die katholische Taufe ihrer Kinder entschieden haben. In zwei Familien ist ein Kind (von zwei bzw. drei Kindern) nicht getauft. Eine andere Familie hat sich nach der katholischen Taufe der ersten beiden Kinder für die evangelische Taufe des dritten Kindes entschieden.

Dreizehn Familien wohnten in der Stadt – elf Familien wohnten in eher ländlich strukturierten Gemeinden. Dabei befanden sich neun Familien mit der Konfession ihrer Kinder am Wohnort in einer Minderheitssituation, vier Familien in einer Mehrheitssituation und weitere sieben Familien in einer ausgeglichenen Situation. Bei vier Familien blieb die Situation der Konfessionsverteilung am Wohnort unklar.

In Blick auf den Gemeindekontakt der Familien ergibt sich ein relativ ausgeglichenes Bild. Gut die Hälfte der Familien pflegt Kontakte zu (mindestens) einer Kirchengemeinde – mehr oder weniger regelmäßig. Daneben finden sich auch Familien, die nach eigenen Angaben kaum oder nie Kontakt zu einer Kirchengemeinde haben. Die Verteilung entspricht damit nicht unbedingt den sonst üblichen Verhältnissen in der Bevölkerung, was in diesem Fall allerdings auch nicht primär anvisiert war. Das Ziel der qualitativen Erhebung, ein möglichst heterogenes Sample zu erzielen, um Einblick in verschiedene praktizierte Formen religiöser Familienerziehung zu bekommen, ist mit der gegebenen Verteilung erreicht. Auch im Blick auf die Berufsausbildung erweist sich die Stichprobe als weitgehend heterogen.

Einen Überblick über die Verteilung innerhalb der Stichprobe bzgl. der genannten Aspekte gibt die folgende Darstellung.

Gemeindekontakt der Familie

regelmäßig	weniger regelmäßig	kaum	Nie
9	5	7	3

Alter der Kinder

nur Kleinkinder (bis 3 Jahre)	Vorschul- und Schulkinder	nur Schulkinder
4	9	11

Alter der Eltern

20–30 Jahre	30–40 Jahre	40–50 Jahre
2	6	16

Konfessionsverteilung

V (ev.) – M (kath.)	K (ev.)	K (kath.)	K (ev./–)	K (ev./–)	V (kath.) – M (ev.)	K (k./ev.)	K (ev.)	K (kath.)
14	6	7	1	1	10	1	6	2

Wohnort

Stadt	Land
13	11

Konfessionsverteilung am Wohnort

Familie in Minderheitssituation	Familie in Mehrheitssituation	ausgeglichen	unklar
9	4	7	4

Die Befragung der Elternpaare fand in Form von teilstrukturierten Interviews mit einer Dauer von jeweils etwa einer Stunde bei den Familien zuhause statt. Durchgeführt wurden die Interviews jeweils von einer von zwei Interviewerinnen – evangelisch und katholisch. Die Gespräche wurden mit einem Aufnahmegerät aufgezeichnet und anschließend für die Auswertung transkribiert und anonymisiert.

Inhalt der Interviews waren verschiedene Bereiche des Familienlebens, wobei das religiöse Familienleben im Vordergrund stand. Der Interviewleitfaden, der anhand von Probeinterviews überprüft und überarbeitet wurde, enthielt in der der Datenerhebung zugrundeliegenden Fassung die folgenden Fragebereiche:

– Erziehung
– Religiöses Familienleben
– Gottesdienst / Gemeindekontakt / Verhältnis zur Kirche
– Religiöse Elternbiographie
– Ergänzungen zur Thematik
– Persönliche Angaben.

Einen genaueren Einblick in die unter den genannten Fragebereichen angesprochen Aspekte gibt die nachfolgende Darstellung.

Erziehung – z. B.
- allgemeine Erziehungsziele
- Bedeutung religiöser Erziehung
- Taufe der Kinder
- Konfessionelle Aspekte

Religiöses Familienleben – z. B.
- Rituale
- wichtige Tage und Feste im Jahreskreis
- Beurteilung der Situation der Konfessionsverschiedenheit
- Rat an Eltern in ähnlicher Situation

Gottesdienst / Gemeindekontakt / Verhältnis zur Kirche – z. B.
- Gottesdienstbesuch der Familie
- Gemeindekontakt
- Verhältnis der Eltern zur Kirche
- Konversion als Thema?

Religiöse Elternbiographie – z. B.
- Bedeutung der Religion für die Eltern
- Bedeutung der Konfession für die Eltern
- eigene religiöse Erziehung in der Kindheit: was soll weitergeben werden – was soll anders gemacht werden?
- Beteiligung der Großeltern an der religiösen Erziehung der Kinder

Ergänzungen zur Thematik – z. B.
- Erwartungen an das Interview
- Offene Fragen

Persönliche Angaben – z. B.
- Alter, Konfession, Beruf der Eltern
- Alter, Konfession der Kinder
- Hochzeit der Eltern

Auswertung der Interviews

Für die Auswertung der Interviews wurde auf die qualitative Inhalts-
analyse und damit eine kategorienbezogene Auswertung des Daten-
materials zurückgegriffen (vgl. Flick 2005, 308). Diese Methode
verfolgt das Ziel einer systematischen Strukturierung des umfangrei-
chen Textmaterials. Gleichzeitig muss darauf geachtet werden, dass
Verteilungen innerhalb der Stichprobe nicht vorschnell unter einem
quantitativen Aspekt betrachtet werden – dahingehend, dass man der
Versuchung erliegt, die Befunde als repräsentative Gegebenheiten
anzusehen.

Die Auswertung der qualitativen Interviews erfolgte in einem mehr-
stufigen Prozess:

1. Zunächst wurden anhand einer ersten Interpretation von drei
   Interviews Auswertungskategorien entwickelt, die nicht alle mit
   den Fragebereichen des Interviewleitfadens identisch waren. Dadurch war es möglich, auch weitere Aspekte, die in den Interviews
   angesprochen wurden, in die Auswertung mit einzubeziehen. Für
   jedes Interview entstand so eine thematische Ordnung in kompri-
   mierter Form.

2. Anhand dieser Auswertungskategorien wurden alle 24 Einzel-
   interviews ausgewertet. Dieser Arbeitsschritt erfolgte jeweils in
   Zweierteams, um die Zuverlässigkeit des Auswertungsverfahrens
   zu stärken und um das Vorgehen des Auswertungsteams abzu-
   gleichen.

3. Für jedes Interview wurden zusätzlich zwei übergreifende Fragen
   beantwortet: die Frage nach der konkreten Realisierung religiöser Erziehung in der jeweiligen Familie und die Frage nach der
   Beispielhaftigkeit der Familie für andere konfessionsverschiedene
   Familien.

4. Schließlich wurde die in den Interviews aufgezeigte Vielfalt zu
   einzelnen Aspekten der Auswertungskategorien zusammenge-
   fasst. Durch diese verdichteten Zusammenfassungen wurde es
   möglich, einen Querschnitt über das ganze Material hinweg zu
   erhalten. In diesem letzten Auswertungsschritt wurden auch re-
   ligionspädagogisch-theologische Aspekte in die Interpretation des
   Materials mit einbezogen.

In die Auswertung eingegangen sind sieben Auswertungskategorien:

- persönliche Angaben
- Stationen im Familienleben
- Eltern
- Religiöse Erziehung durch die Eltern
- Kirchenkontakt der Familie
- Reflexion über die eigene Situation
- Lösung der Familie und deren Modellhaftigkeit.

Die den jeweiligen Kategorien zugeordneten Aspekte können der folgenden Darstellung entnommen werden.

Persönliche Angaben:
- Alter, Konfession und ggf. Beruf der Familienmitglieder
- Kategorisierung des Wohnorts (Großstadt – Kleinstadt – Dorf)
- Lebensform der Familie (traditionelle Familie; Patchworkfamilie)

Stationen im Familienleben:
- Taufe der Kinder (Konfession; Gründe; Konfliktthema?; Paten)
- Hochzeit der Eltern (Form; Gründe; Konfliktthema?)
- Kindergarten
- Schule
- Kommunion / Konfirmation

Eltern:
- Religiöse Biographie der Eltern (Erfahrungen in der eigenen Kindheit: Inwiefern übernehmen Eltern diese bewusst bzw. greifen Eltern diese bewusst nicht auf?)
- Prägende Personen
- Gemeinsame religiöse Aktivität
- Konversion als Thema?

Religiöse Erziehung durch die Eltern:
- Erziehungsziele (allgemein; religiös; spezifisch katholische bzw. evangelische Aspekte, die von Bedeutung sind?)
- Elemente (Rituale; Feste)
- Wie sehen die Eltern ihre Erziehung der Kinder?
- Großeltern als religiöse Erzieher

Kirchenkontakt der Familie:
- Kirchgang (Grad der Regelmäßigkeit? In welche Gemeinde?)
- Gemeindekontakt (In welche Gemeinde?)
- Verhältnis zur Ortskirche / zur Institution Kirche

Reflexion über die eigene Situation:
- Wahrnehmung des „Evangelisch-Katholisch-Seins" / der Unterschiede
- Schwierigkeiten / Konflikte (und ggf. Lösungsansätze) aus Sicht der Eltern
- Rat an andere: Was ist der richtige Weg für religiöse Erziehung und Zusammenleben?

Lösung der Familie und deren Modellhaftigkeit:
- Wie löst die Familie die Aufgabe, religiöse Erziehung angesichts konfessioneller Verschiedenheit zu gewährleisten?
- In welchem Sinn können andere von dieser Familie lernen?

Zitierte Literatur

B. *Beyer / J. Beyer*, Konfessionsverbindende Ehe. Impulse für Paare und Seelsorger, Mainz 1991.

A. *Biesinger*, Kinder nicht um Gott betrügen: Anstiftungen für Mütter und Väter, Freiburg/Basel/Wien, [13]2005.

A. *Biesinger / H. Bendel* (Hg.), Gottesbeziehung in der Familie. Familienkatechetische Orientierungen von der Kindertaufe bis ins Jugendalter, Ostfildern 2000.

A. *Biesinger / H. Bendel / D. Biesinger / B. Berger*, Gott mit neuen Augen sehen. Familienbuch, München 2005.

A. *Biesinger / H.-J. Kerner / G. Klosinski / F. Schweitzer* (Hg.), Brauchen Kinder Religion? Neue Erkenntnisse – Praktische Perspektiven, Weinheim / Basel 2005.

U. *Bögershausen*, Die konfessionsverbindende Ehe als Lehr- und Lernprozess, Mainz 2001.

P. *Bovet / E. Bovet*, Psychologische und Pädagogische Probleme der religiösen Kindererziehung in der bekenntnisverschiedenen Ehe, in: *W. Molinski* (Hg.), Kindererziehung in der Mischehe, Recklinghausen 1969, 82–95.

P. *Büchner*, Vom Befehlen und Gehorchen zum Verhandeln. Entwicklungstendenzen von Verhaltensstandards und Umgangsformen seit 1945, in: *U. Preuss-Lausitz u. a.*, Kriegskinder, Konsumkinder, Krisenkinder. Zur Sozialisationsgeschichte seit dem zweiten Weltkrieg, Weinheim/Basel 1983, 196–212.

N. *Dennerlein / M. Meyer-Blanck* (Hg.), Evangelische Glaubensfibel. Grundwissen der evangelischen Christen, Gütersloh/Rheinbach 2006.

M. N. *Ebertz*, „Heilige Familie" – ein Auslaufmodell? Religiöse Kompetenz der Familien in soziologischer Sicht, in: *A. Biesinger / H. Bendel* (Hg.), Gottesbeziehung in der Familie. Familienkatechetische Orientierungen von der Kindertaufe bis ins Jugendalter, Ostfildern 2000, 16–43.

„Evangelisch – Katholisch" Serie, 4. Trennung bis ins Privatleben, *A. Peschke / K. G. Dittelmann*, BR Deutschland 1987, 45 Minuten, F, Dokumentarfilm.

M. *Fay*, Brauchen Kinder Religion? Wie Eltern die Frage nach dem Sinn des Lebens beantworten, Hamburg 1994.

U. *Flick*, Qualitative Sozialforschung. Eine Einführung, Reinbek bei Hamburg [3]2005.

R. *Froese*, Zwei Religionen – eine Familie. Das Gottesverständnis und die religiöse Praxis von Kindern in christlich-muslimischen Familien, Gütersloh 2005.

W. *Fürst / J. Werbick* (Hg.), Katholische Glaubensfibel, Rheinbach/Freiburg/Basel/Wien 2004.

Gemeinsame kirchliche Trauung. Formular C (Baden 1974), in: *W. Schöpsdau*, Konfessionsverschiedene Ehe. Ein Handbuch (Bensheimer Hefte 61), Göttingen [3]1995, 195–197.

Konfessionsverschiedene Ehe. Kirchliche Trauung – gemeinsamer Weg, Erzbistum Köln, Hauptabteilung Seelsorge und Presseamt (Hg.), Köln 1999.

Konfessionsverschiedene Ehen – Religionsverschiedene Ehen. Eine Handreichung, Diözesanrat des Bistums Hildesheim (Hg.), Hildesheim 2006.

W. T. *Küstenmacher*, Tikis Evangelisch-Katholisch-Buch, Augsburg/Stuttgart 1996.

P. *Lengsfeld*, Ökumenische Praxis. Erfahrungen und Probleme konfessionsverschiedener Ehepartner, Stuttgart 1984.

H. *Liebold*, „In der Hinsicht lassen wir uns eigentlich ziemlich in Ruhe". Religiöse Erziehung in christlich-konfessionslosen Familien, in: Wege zum Menschen 57 (2005), 239–253.

N. *Logemann*, Konfessionsverschiedene Familien. Eine empirische Untersuchung von unterschiedlichen Entscheidungsbereichen und ihre theoretische Erklärung unter Verwendung des Bourdieuschen Kapitalkonzepts (Familie und Gesellschaft 6), Würzburg 2001.

N. *Luhmann*, Liebe als Passion. Zur Codierung von Intimität, Frankfurt am Main [7]1994.

M. *Meyer-Blanck* / W. *Fürst* (Hg.), Typisch katholisch – Typisch evangelisch. Ein Leitfaden für die Ökumene im Alltag, Rheinbach/Freiburg/Basel/Wien 2007.

W. *Molinski* (Hg.), Kindererziehung in der Mischehe, Recklinghausen 1969.

H. *Schicke-Tappe*, Christliche Erziehung in konfessionsverschiedenen Ehen, München 1979.

K. H. *Schmitt* / P. *Neysters*, Durch das Jahr – durch das Leben, München 2006.

F. *Schweitzer*, Das Recht des Kindes auf Religion. Ermutigungen für Eltern und Erzieher, Gütersloh [2]2005.

F. *Schweitzer* / A. *Biesinger* in Zusammenarbeit mit R. *Boschki* / C. *Schlenker* / A. *Edelbrock* / O. *Kliss* / M. *Scheidler*, Gemeinsamkeiten stärken – Unterschieden gerecht werden. Erfahrungen und Perspektiven zum konfessionell-kooperativen Religionsunterricht, Freiburg/Gütersloh 2002.

F. *Schweitzer* / A. *Biesinger* / J. *Conrad* / M. *Gronover*, Dialogischer Religionsunterricht. Analyse und Praxis konfessionell-kooperativen Religionsunterrichts im Jugendalter, Freiburg/Basel/Wien 2006.

G. *Schwikart*, Katholisch und Evangelisch den Kindern erklärt, Kevelaer 2008.

J. *Zinnecker* / R. K. *Silbereisen*, Kindheit in Deutschland. Aktueller Survey über Kinder und ihre Eltern, Weinheim/München 1996.

Religionspädagogik bei HERDER

Albert Biesinger / Friedrich Schweitzer / Julia Münch
Glaubwürdig unterrichten
Biographie – Glaube – Unterricht
13,9 x 21,4 cm, 144 Seiten, Paperback
ISBN 978-3-451-29727-4

Schülerinnen und Schüler fordern von den Religionslehrern, sich zu bekennen und Rechenschaft über ihren Glauben zu geben. Dieser Band belegt auf der Basis von Unterrichtsforschung interessante Situationen, in denen Biografie und Bekenntnis zusammenhängen, aber auch in Spannung geraten. Der Band zeigt, wie viel biografische Prägung im Unterricht vorkommen soll, welche Grenzen einzuhalten sind und wie solche Prägungen produktiv in den Unterricht eingebracht werden können.

Friedrich Schweitzer / Albert Biesinger / Jörg Conrad /
Matthias Gronover
Dialogischer Religionsunterricht
Analyse und Praxis konfessionell-kooperativen Religionsunterrichts im Jugendalter
13,9 x 21,4 cm, 208 Seiten, Kartoniert
ISBN 978-3-451-29163-0

In einem zunehmend gesellschaftlich, kulturell und religiös vielfältiger werdenden Europa ist eine konfessionelle Kooperation im Religionsunterricht unumgänglich. Die Autoren haben hierzu das wegweisende Modell entwickelt. In dem vorliegenden Band liegt nun eine Ausarbeitung für das Jugendalter vor. Unterrichtsmodelle zur konfessionellen Kooperation in der Sekundarstufe 1 werden vorgestellt. Eigens thematisiert wird dabei auch die Möglichkeit der Kooperation mit anderen Religionen.

Schulkultur mitgestalten
Pastorale Anregungen und Modelle
Hrsg. von Joachim Burkard und Paul Wehrle
13,9 x 21,4 cm, 200 Seiten, Paperback
ISBN 978-3-451-28751-0

Wie kann sich die Kommunikationsfähigkeit der Kirche am Lern- und Lebensort Schule beweisen? Der Band nimmt die gesamte Bandbreite des Engagements der Kirche im Handlungsfeld Schule in den Blick: vom staat-

HERDER   *In jeder Buchhandlung*

Religionspädagogik bei HERDER

lich garantierten Religionsunterricht bis hin zu freiwilligen und selbst-
organisierten Aktionen, desgleichen die verschiedenen Beteiligten: von
den Schülern über die Lehrenden bis hin zu den Eltern. Auf diese Weise
entsteht ein Bild der Möglichkeiten, wie Christen als Personen und in
Aktivitäten Schulkultur prägen können.

Katholische Schule heute

Perspektiven und Auftrag nach dem Zweiten Vatikanischen Konzil
Hrsg. von Gertrud Pollak und Clauß Peter Sajak
13,9 x 21,4 cm, 224 Seiten, Paperback
ISBN 978-3-451-29156-2

Das II. Vatikanische Konzil hat in seiner Erklärung über die christliche
Erziehung ein grundsätzliches neues Verständnis von Bildung und
Erziehung entwickelt. Namhafte Theologen und Erziehungswissenschaftler
interpretieren diese Erklärung und ihre Aspekte Bildung und Erziehung
als Menschenrecht, Schule als Erziehungsgemeinschaft, Lehrerinnen und
Lehrer als Träger des Laienapostolats, Konfessionalität katholischer Schu-
len. Mit Beiträgen von: Karl Kardinal Lehmann, Wilhelm Wittenbruch,
Rafael Frick, Werner Tzscheetsch, Anton von Hooff, Siegfried Schnauß,
Alfred Hinz, Nikolaus Neufurth, Andreas van der Broeck, Manfred Göbel,
Wolfgang Hissenauer, Dieter Skala und Clauß Peter Sajak.

Kinder und das Böse

Schule – Medien – Religion
Hrsg. von Werner Tzscheetzsch
13,9 x 21,4 cm, ca. 96 Seiten, Paperback
ISBN 978-3-451-30117-9

„Das Böse" hat Konjunktur: In zahlreichen Publikationen werden gegenwärtig unterschiedliche Annäherungen an dieses vielschichtige Phänomen
unternommen. Doch wird dabei stets die Erfahrungswelt der Kinder aus-
geblendet. Genau diese rückt nun dieses Buch in den Mittelpunkt: Was
erleben Kinder als „das Böse", welche Rolle spielen die Medien, welche die
Schule?

HERDER   *In jeder Buchhandlung*

Religionspädagogik in pluraler Gesellschaft

Die Reihe bietet ein ökumenisches Forum, in dem die Konsequenzen der Pluralisierung und der veränderten Erscheinung von Religion aufgezeigt und adäquate Antworten der Religionspädagogik diskutiert werden.

Herausgeber: Hans-Georg Zibertz, Friedrich Schweitzer, Rudolf Engert und Ulrich Schwab.

Alle Bände im Format 15,1 x 22,7 cm, jeweils in Paperback.

Derzeit lieferbare Bände (Stand Frühjahr 2009):

HERDER

In jeder Buchhandlung

Religionspädagogik in pluraler Gesellschaft

HERDER   *In jeder Buchhandlung*